DEUS E A RIQUEZA

Como usar bem o dinheiro

Weiberson Pereira
(83) 8771-4251

Thomas Kohrs | Anselm Grün

DEUS E A RIQUEZA

Como usar bem o dinheiro

EDITORA
SANTUÁRIO

Diretor Editorial:
Marcelo C. Araújo

Editores:
Avelino Grassi
Edvaldo Manoel de Araújo
Márcio F. dos Anjos

Coordenação Editorial:
Ana Lúcia de Castro Leite

Tradução:
Haroldo Reimer

Revisão:
Paola Goussain de S. Lima

Diagramação:
Simone Godoy

Capa:
Alfredo Castillo

Título original: *Ethisch Geld anlegen*

Verlag, D-97359 Münsterschwarzach Abtei
ISBN 978-3-89680-374-0

Dados Internacionais de Catalogação na Publicação (CIP)
(Câmara Brasileira do Livro, SP, Brasil)

Kohrs, Thomas
Deus e a Riqueza. Como usar bem o dinheiro / Thomas Kohrs, Anselm Grün; [traduzido por Haroldo Reimer]. - Aparecida, SP: Editora Santuário, 2011.

Título original: Ethisch Geld anlegen.
ISBN 978-85-369-0226-5

1. Bem-estar econômico 2. Dinheiro 3. Dinheiro - Aspectos religiosos 4. Dinheiro – Filosofia 5. Dinheiro - História 6. Finanças 7. Investimentos I. Grün, Anselm. II. Título.

11-02186 CDD-332.6

Índices para catálogo sistemático:

1. Educação financeira: Economia
332.6

Composição, CTcP, impressão e acabamento:
EDITORA SANTUÁRIO - Rua Padre Claro Monteiro, 342
12570-000 — Aparecida-SP — Fone: (12) 3104-2000

SUMÁRIO

PREFÁCIO

Anselm Grün

O dinheiro desempenha um papel importante na vida das pessoas. "O dinheiro rege o mundo", afirma o provérbio. Muitas pessoas querem com isso mostrar quanto dinheiro elas têm. Outras têm vergonha de reconhecer em si e nos outros a falta de dinheiro. Pode-se até pensar que dinheiro pode ser algo objetivo sobre o que se pode falar de modo objetivo. Porém, o dinheiro está relacionado com muitas experiências e angústias das pessoas. Ele indica para a experiência da falta de dinheiro, para a experiência de haver sido logrado, de não haver recebido o que lhe compete, de haver sido tratado de modo injusto. Muitas pessoas relacionam com dinheiro o desejo de viver em paz e abastança. O dinheiro suscita cada vez mais vontade de ter. Há o desejo de querer ter cada vez mais. Quando sonhamos com dinheiro, isso indica a energia interna e as capacidades que estão a nossa disposição. O modo como as pessoas lidam com o dinheiro sempre diz algo sobre sua alma. Alguns são gananciosos; para outros, o dinheiro é algo sujo, com o qual gostariam de não ter nada a ver. Alguns são sovinas; outros são esbanjadores. Alguns recobrem com dinheiro o seu vazio interior. Para outros, o dinheiro é algo puramente mundano, algo que gostariam de evitar em seu caminho espiritual.

Sobre dinheiro, pode-se falar de forma tão pouco objetiva quanto sobre sexualidade. Tanto no que tange ao dinheiro quanto no que tange à sexualidade, as próprias projeções sempre ocupam um lugar. Quando em um artigo de jornal sobre a lide com dinheiro, por exemplo, eu contei que para mim o luxo pessoal de forma alguma constitui uma tentação, mas que, como tesoureiro do mosteiro, eu multiplicava o dinheiro na bolsa de valores para financiar nossas obras sociais, como a escola, as casas de formação e a formação dos aprendizes, eu recebi cartas agressivas com palavras muito duras sobre mim. Para muitos cristãos, aplicar dinheiro na bolsa é obra do diabo. Para tais pessoas, de modo algum isso pode ser coadunado com a espiritualidade. Obviamente que na bolsa de valores há ovelhas negras que com suas especulações fazem subir os preços dos produtos agrícolas ou fazem entrar em colapso toda uma economia de um país. Contudo, a bolsa de valores é um instrumento de financiamento que, em últimos casos, serve ao ser humano.

Os tons agressivos destas cartas me fizeram ficar atento. Eu me perguntava pelo que eu havia desencadeado nestes leitores. Aparentemente, eu toquei em feridas pessoais. O dinheiro indica muitas vezes o amor ou a falta de amor que a pessoa experimenta. No acompanhamento pastoral, pessoas me relatam como era humilhante para elas ao chegar a uma aldeia como fugitivos após a guerra e ter que viver em pobreza. Como pobres estranhos eram dependentes da ajuda de outras pessoas. Assim tinham que se manter equilibradas, não reagindo a xingações recebidas. Tais experiências assentam-se firmemente na alma. E quando se fala de dinheiro, elas reaparecem. E aí facilmente se relaciona com dinheiro a experiência com pessoas que ostentavam o seu dinheiro, fazendo os outros se sentirem como se não valessem nada.

O dinheiro também pode fazer surgir outras associações, como aquelas que tratam de poder ou impotência, vida e negação da vida, falta ou fartura. E ao tratar de dinheiro, também surgem sentimentos de inveja em relação àquela pessoa que dispõe de mais dinheiro. Ao se falar mal das pessoas que têm dinheiro, se expressa por meio disso o próprio desejo de também querer ser tão rico como tais pessoas. Quando analisamos nossa disposição em relação ao dinheiro, reconhecemos quão profundamente a postura e a lide do pai ou da mãe com o dinheiro está impregnado em nossa alma. Há pessoas que lidam de forma econômica com o dinheiro e outras que não conseguem fazer isso, não conseguindo guardar seu dinheiro. Por isso é compreensível que o dinheiro faça surgir reações tão acaloradas. Pois ele é espelho para a própria alma e suas feridas.

No caso do dinheiro, não se trata somente da questão de como eu aplico o dinheiro, mas como eu chego a ter dinheiro. Em conversas pastorais de acompanhamento, eu experimento sempre como o tema dinheiro é declarado como tabu em muitos casamentos e em muitas famílias. A mulher muitas vezes não sabe como o homem lida com o dinheiro. Um não permite ao outro olhar em sua carteira. Muitas vezes, o homem alega que está tudo sob controle. Na verdade, ele fez muitas dívidas e quer mantê-las em segredo, porque em últimos casos tem vergonha disso e se sente um perdedor. Há famílias nas quais se fala abertamente sobre dinheiro, nas quais as contas são analisadas em conjunto. Mas há também famílias nas quais somente o pai dispõe do dinheiro. Para ele poder organizar tudo conforme a sua própria vontade é um instrumento de poder. Seria outro tema falar sobre a lide das famílias ou comunidades com o dinheiro. Contudo, não é disso que se trata neste livro. Aqui se trata da questão de como eu posso aplicar meu dinheiro de modo ético e de como a lide com o dinheiro tem algo a ver com a minha espiritualidade.

No presente livro, Thomas Kohrs, como banqueiro, apresenta quais são as possibilidades que nós cristãos temos de aplicar dinheiro de forma coerente com nossa fé e com nossos preceitos cristãos. Como investidor, eu escrevo aquilo que para mim é importante neste tema: há 31 anos eu sou tesoureiro e por isso tenho que lidar com dinheiro. A partir disso, eu sei que é difícil dar conselho aos outros. Meu pai era comerciante e transmitiu a nós, seus filhos, muita confiança e liberdade. Essa confiança também me ajuda a lidar com o dinheiro. Mas se alguém é medroso por natureza, então os meus conselhos sobre a aplicação não poderão ajudar em nada.

Eles somente lhe trarão mais tribulação. Cada um deve aplicar o dinheiro de modo que isso combine com sua pessoa. Para mim, aplicar dinheiro de forma espiritual significa também aplicar em consonância comigo mesmo e com minha medida. Mas significa também aprender uma liberdade interior em relação ao dinheiro. Eu posso lidar de forma criativa com o dinheiro ainda que assuma um risco. Assumir um risco tem a ver com confiança e com a liberdade interna com relação a uma eventual perda. Se eu tenho medo de perder algo, então eu nunca vou assumir um risco. Isso nos é mostrado por meio do exemplo bíblico da parábola dos talentos (cf. Evangelho de Mateus 25,14-30; Lucas 19,11-27).

Em todos os fundamentos éticos relativos à aplicação de dinheiro, não existem regras universalmente válidas. Devo antes provar a mim mesmo perante Deus; saber minha medida; saber onde devo ultrapassar a minha medida a fim de aprender a ter mais confiança e mais liberdade; e devo ver também onde tenho que prestar atenção, pois do contrário sobrecarrego a mim mesmo e a comunidade. A lide espiritual com o dinheiro tem para mim os seguintes fundamentos:

1. O dinheiro serve às pessoas e não a mim ou a minha riqueza. O dinheiro dever servir à vida. Por isso, ao aplicar dinheiro, devo sempre prestar atenção se com isso estou apoiando empresas que servem à vida, que produzem de forma sustentável, que mostram sua responsabilidade econômica para com a criação e as pessoas.

2. Eu tenho responsabilidade pelo dinheiro e por isso devo aplicá-lo do modo mais efetivo. Lidar de forma criativa com o dinheiro é sempre um sinal de espiritualidade. Espiritualidade significa: beber da fonte do Espírito Santo. Esta fonte sempre é refrescante, isto é, ela me conduz a novas ideias. Não se trata de pressão de ter que produzir sempre mais, mas de ter ideias criativas no sentido de aplicar o dinheiro de modo a trazer frutos para as pessoas.

3. Eu necessito de liberdade interior em relação ao dinheiro e não posso me fazer dependente disto. O dinheiro não deve inflar meu ego. A liberdade interior se mostra em meu jeito de lidar com o dinheiro, mas também em minhas ideias. Se o dinheiro me persegue até para dentro da oração, então ele tem poder demais sobre mim. Eu também devo ser capaz de deixar o dinheiro de lado, de modo que ele não me determine interiormente.

4. Eu não devo exercer poder com o dinheiro, mas devo colocá-lo a serviço das pessoas. Para pessoas que ganham muito dinheiro, é grande o perigo de mostrar aos outros que eles são economicamente dependentes. Por isso há sempre de novo a necessidade de fazer uma reflexão espiritual para saber se com o dinheiro eu estou de fato servindo a outras pessoas e apoiando projetos que fomentam a vida, ou se com tais projetos estou simplesmente buscando um meio de me colocar no centro das atenções. A lide com o dinheiro exige, portanto, honestidade e atenção.

5. Eu não devo fazer tudo o que é possível. Devo observar a minha medida, não me comparando com os outros. Devo renunciar à aplicação de dinheiro se isso extrapola minha medida. E da minha medida também fazem parte os fundamentos éticos, segundo os quais eu me decidi a fazer a aplicação. Como o dinheiro sempre suscita a ganância, é tarefa espiritual constante lidar com ele de forma criteriosa e sustentável, fazendo a aplicação de tal forma que os pontos de vista éticos estejam sendo observados.

PREFÁCIO

Thomas Kohrs

Relacionar a Bíblia com o dinheiro abriga algumas dificuldades não pouco problemáticas. Independente de sua orientação de fé, muitas pessoas ainda veem o dinheiro e a lide com ele como um mal necessário. Isso leva a uma postura de retração em relação a informações sobre dinheiro. Mas, com isso, as pessoas desperdiçam chances para um melhor desenvolvimento de suas aplicações financeiras, bem como a possibilidade de investir esse dinheiro de modo rentável em projetos sociais e caritativos.

Os bancos e as agências financeiras não precisam ser necessariamente equiparados com exploração e negócios inescrupulosos. Também neste âmbito deveriam prevalecer fundamentos éticos e morais. Disso resulta: o dinheiro sempre deveria ser meio para uma finalidade. Trata-se de saber quão responsavelmente eu lido com o dinheiro e onde o dinheiro é aplicado. Por meio do meu trabalho num banco eclesiástico, que com seus lucros apoia o trabalho de irmãos e irmãs na missão em mais de 60 países do mundo, eu tenho outra relação com o dinheiro do que, por exemplo, os empregados de repartições de investimento em grandes bancos.

Neste livro, eu busquei encontrar uma "forma de apresentação o mais isenta possível de termos de ideologia econômica". Assim, por exemplo, são também apresentadas possibilidades de conceber um mundo sem juros, o que justamente não corresponde ao modo usual de ver a realidade. Minhas apresentações não têm nenhuma pretensão de serem completas em termos científicos. Onde necessário, serão feitos pequenos excursos sobre temas econômicos. Onde for necessário, também serão feitos apontamentos sobre teorias econômicas gerais, sem com isso apresentar as teorias em particular em todas as suas nuanças. Elas servem para explicar melhor as coisas e para apresentar os respectivos fundamentos. Para o investidor, o livro deve ser uma orientação para saber como se deve lidar de forma adequada com o tema dinheiro e com investimentos, sem desprezar os fundamentos éticos e morais.

Naturalmente, muitos conteúdos deste livro estão baseados em experiências a partir de muitas conversas que mantenho com clientes todos os dias, especialmente quando me relatam que perderam muito dinheiro com investimentos altamente especulativos. Eu não tenho muita compreensão para negócios que são feitos ao telefone de forma mais ou menos anônima e baseados em promessas de rendimentos muito elevados. Também aqui constitui uma virtude agir de forma moderada no que tange aos rendimentos esperados e isso de forma realista.

Indicações para o bom aproveitamento deste livro

Os capítulos principais deste livro tratam sempre de determinado aspecto do tema geral que é a aplicação de dinheiro. Os capítulos constituem unidades em si e podem por isso ser lidos de forma isolada. Isso abre a possibilidade de buscar informações pontuais e específicas sobre determinadas questões.

Indicações complementares, esclarecimentos de termos técnicos e abreviaturas encontram-se ao final do livro num pequeno abecedário sobre bolsa de valores. Além disso, recomendações de leituras complementares, bem como indicações úteis para instituições auxiliares, oferecem ao leitor a possibilidade de se continuar a se informar em outros espaços.

Para facilitar a leitura, renunciou-se à indicação aos dois gêneros [masculino e feminino], optando-se somente pela forma masculina. As leitoras queiram, por favor, nos perdoar.

Thomas Kohrs

1. A história do dinheiro a partir de uma perspectiva econômica

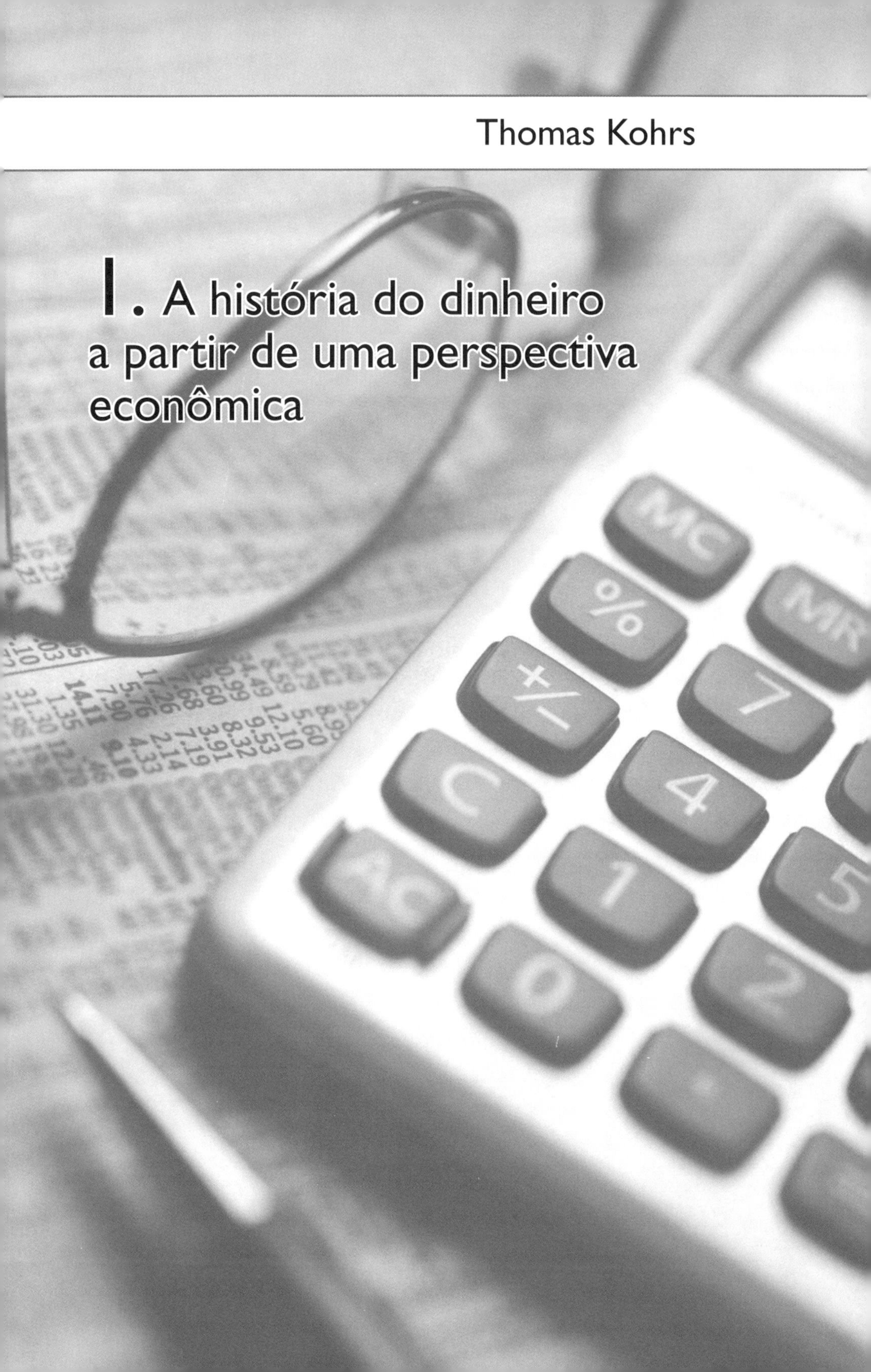

1.1 Economia de troca como pressuposto fundamental

Nos primórdios da história da humanidade ainda não havia a necessidade de "troca" de produtos e serviços. Nas pequenas comunidades da época da pedra ainda se caçava e se recolhiam os frutos em conjunto. Tudo o que se conquistava coletivamente era comunitariamente dividido. Somente como grupo havia a possibilidade de ser forte, tendo, assim, chance de sobrevivência; o indivíduo estava completamente perdido, estando entregue às forças da natureza e desprotegido do mundo animal. Não havia nenhuma necessidade de realizar uma economia de troca.

Isso começou a mudar somente quando as pessoas começaram a se organizar de acordo com a divisão social do trabalho. Gradativamente, os grupamentos humanos foram se tornando sedentários; de caçadores e coletores, surgiram pastores e agricultores: a criação de gado e o cultivo da terra marcaram a vida das pessoas. Assim começaram a se desenvolver diferentes âmbitos de atividade, que conduziam a resultados diferentes. Um grupo tinha produtos que outras pessoas gostariam de ter. A saída mais razoável era, pois, o comércio de troca. Mas este somente se estabelece se ambos os grupos dispõem de algum produto que seja de interesse de outras pessoas. Se este pressuposto básico não existe, não se realiza a troca, uma vez que o produto "sem serventia" não pode ser passado aos outros. Ou então há acordo quanto a outro produto de troca, ao qual é atribuído por ambos os partidos envolvidos um valor aproximativamente similar. Este outro produto poderia ser um mineral duro, uma pedra de enfeite ou uma pérola. Muitas vezes, tais produtos são bens que, por algum motivo, em determinada época, são desejados de forma similar, mas que são escassos, assim como cigarros no período posterior à segunda guerra na Alemanha.

A troca de produtos se torna simples quando ambos os partidos têm um meio de troca reconhecido por todos e por meio do qual podem calcular e receber o valor correspondente. Com isso se torna comparável o valor de todos os bens e prestações de serviços.

Uma história própria de sucesso se deu neste contexto, por exemplo, com a *kauri*, uma pérola branca ou amarelada, com aspecto de porcelana, com diâmetro de um a três centímetros. Ela foi colecionada nas Ilhas Maldívias, nas Filipinas, e mais tarde também nas Ilhas Tonga, na Polinésia.

Já na antiga China, entre 1500 até 200 a.C., ela foi usada como precursora do dinheiro. Mercadores árabes a trouxeram da Índia para seus lugares de origem e até a África ocidental, de modo que no século XIX existia desde a Polinésia até a Mauritânia (aproximadamente 20 mil quilômetros) uma "moeda de referência" amplamente reconhecida. Infelizmente, logo a seguir, os europeus foram responsáveis pelo desparecimento deste meio de pagamento. Por meio do estabelecimento mais ou menos arbitrário do valor da *kauri* em relação a outros meios de pagamento, com o tempo, a pérola perdeu a sua função como meio de pagamento. Contudo, em partes da África ainda estava em uso até o século passado, e o seu uso como dinheiro somente foi suprimido por meio de proibição por parte das autoridades financeiras francesas.

1.2 Formas antigas de dinheiro até o século XIX

Hoje dificilmente podemos conceber o mundo sem dinheiro. Mesmo que ao final do mês o cidadão não tenha mais dinheiro no bolso, a importância das moedas e das cédulas lhe é muito bem conhecida. Em tempos antigos, isso certamente também não era muito diferente. Assim, a história do dinheiro nos remete para vários milênios do passado.

Há mais de 6000 anos, havia dinheiro em forma de prata na Mesopotâmia, na região do atual Iraque. Em torno de 1500 a.C., havia até listas de preços para determinados produtos. Assim, o desenvolvimento de unidades monetárias de diferentes tipos avançou em todas as partes do mundo. O dinheiro em forma de perólas, conforme mencionado acima, ou em forma de pedras na região da Oceania, ou dinheiro em forma de vestimentas (peles) na América do Norte, e, na medida do possível, dinheiro em forma de metais, como o ouro, a prata ou o bronze, foi usado em todas as partes do mundo.

Pelo que se conhece , as primeiras moedas de verdade surgiram na região da atual Turquia. Eram feitas de uma liga de ouro e prata e sua cunhagem era feita com um carimbo com imagem sobre as faces. Empregar metais preciosos na confecção de moedas fazia sentido até a primeira guerra mundial. O valor em metal correspondia exatamente ao valor estampado nas moedas. Hoje em dia, utilizamos somente as chamadas moedas correntes [*Scheidemünzen*], cujo valor impresso em geral é maior do que o valor do metal utilizado.

O primeiro dinheiro em papel surgiu provavelmente na China, passando a ser usado a partir do século IX. Esse dinheiro era uma espécie de obrigação de pagamento fixada por escrito. O correspondente na Europa eram as notas promissórias ou notas de troca. A introdução das cédulas na Europa, no século XVII, se deveu a uma necessidade verdadeiramente econômica, pois as moedas de prata, até então em uso, se tornaram verdadeiramente escassas.

Hoje em dia, a maior parte do dinheiro está basicamente depositado em contas bancárias, sendo transferido de um lugar para outro. Se até os anos de 1960 muitos trabalhadores ainda recebiam o seu pagamento em "envelopes" (alemão: *Tüte*), atualmente o pagamento não se dá mais com a entrega de dinheiro em espécie. Há muito já nos acostumamos com as transferências, débitos e pagamentos com "cartão de plástico", isto é, cartões de débito e de crédito. "*Plastic makes the world go around*" [O plástico faz o mundo girar] é uma expressão apreciada por pessoas que pensam e creem somente na bem-aventurança do dinheiro, achando que com ele tudo se pode comprar. Há muito já foi demonstrado como o dinheiro influenciou a história da humanidade, com todos seus benefícios, mas também com todas as desgraças.

Com dinheiro se pode comprar todas as coisas, inclusive o melhor tratamento junto a um médico. Mas nem tudo se pode comprar com dinheiro: talento se tem ou não se tem; amizade verdadeira permanece independente de dinheiro; conhecimento somente se pode aprender e também a própria espiritualidade não se pode comprar, da mesma forma também não o verdadeiro amor.

Os governos sempre tentaram dominar o dinheiro e o fluxo de dinheiro no mundo. E isso com maior ou menor grau de êxito. A maior crise econômica havida até hoje teve início com os dias anteriores e posteriores à assim chamada 'quinta-feira negra', de 24 de outubro de 1929, na bolsa de valores de Nova Iorque. Os índices das ações [*Aktiencurse*] despencaram, em poucos dias, mais de 35 pontos percentuais. O entrelaçamento já então existente entre a economia na Europa e nos

Estados Unidos provocou outras consequências. Os resultados políticos deste desenvolvimento são amplamente conhecidos. Ainda hoje se costuma dizer que um espirro dos americanos pode provocar uma gripe nos europeus.

Por isso, já durante a segunda guerra mundial, os norte-americanos tinham interesse em evitar um desastre econômico como os dos anos de 1920 e 1930. O objetivo era evitar qualquer crise econômica mundial, o que, por fim, levou ao acordo de Bretton Woods.

1.3 O acordo de Bretton Woods

No ano de 1944, na Conferência de Bretton Woods (pequena cidade em New Hampshire, EUA), 44 países chegaram a um acordo sobre a construção de um sistema monetário que fosse o mais estável possível. Após as experiências da crise mundial no final dos anos de 1920 e as consequências nefastas às economias dos países, as quais estavam direta ou indiretamente relacionadas com a Segunda Guerra Mundial, buscava-se iniciar uma nova forma de livre comércio mundial. O objetivo principal, entre outros, era estabelecer formas de comércio mundial, que preferencialmente fossem isentas de barreiras comerciais, como, por exemplo, as alfândegas. Como o *floating*, isto é, a livre determinação dos preços das moedas entre si, constituía um empecilho para o comércio, um dos pontos mais importantes deste sistema era a determinação de câmbios fixos entre determinadas moedas.

Além disto, ficou estabelecido que o banco central norte-americano estaria obrigado, a qualquer tempo, a trocar os dólares por ouro. O sistema durou basicamente até 1971. No mesmo período da criação deste sistema, foram também criados o Banco Mundial e o Fundo Monetário Internacional (FMI [sigla em inglês: IWF]), que existem até hoje, assumindo entrementes outras funções importantes.

Em consequência desta determinação, após a introdução do novo marco alemão na República Federal da Alemanha, recém-criada na época, o câmbio entre o marco alemão e o dólar americano foi fixado em 4,20. Isso significava que, na época, um dólar americano valia quatro marcos alemães e vinte centavos. Para comparar: em abril de 2008, quando se registrou o câmbio mais baixo, por um dólar americano se pagava somente 0,62 euros, o que corresponde a 1,22 marcos alemães ou a 8,59 xiling austríacos ou ainda a 1,04 francos suíços.

Para a economia de um país, é de extrema importância se as taxas de câmbio das moedas participantes são flexíveis entre si ou se elas estão fixadas. Um exemplo pode esclarecer melhor a questão. Suponhamos que uma indústria automobilística queira exportar um carro de classe média para os Estados Unidos. O carro está equipado de forma padrão, com um pequeno e econômico motor, custando no mercado alemão algo em torno de vinte mil euros. Este preço é acessível tanto no mercado alemão quanto no mercado americano, podendo o produtor ainda auferir lucro. Para que o preço de venda para os Estados Unidos seja devidamente fixado em dólares americanos, o mercado dos concorrentes deve ser analisado e, com base na taxa de câmbio, que deve ser a mais exata possível, deve ser encontrado o preço de venda em dólares americanos para o mercado norte-americano. Supondo que o câmbio estivesse na relação de 1,25 dólares para 1 euro, então o preço de venda para os Estados Unidos seria de 25.000 dólares. Em comparação com os carros de outras montadoras, este preço seria adequado, havendo compradores suficientes para os referidos veículos.

Suponhamos ainda que ao longo do ano o câmbio entre o euro e o dólar sofra alteração. Agora a relação não é mais de 1,25 dólares americanos para 1 euro, mas de 1,50 dólares para 1 euro. Se o produtor converter novamente os 25.000 dólares para euros, então a empresa não receberá mais 20.000 euros, mas somente 16.600 euros. Com este preço, contudo, a empresa não mais obterá lucro, mas acumulará prejuízo. A única alternativa, então, seria elevar os preços dos carros nos Estados Unidos a fim de compensar a perda na taxa de câmbio. Com isso, entretanto, os carros não poderiam mais concorrer com outros similares. Assim, o produtor deixaria de vender veículos, deixando também de exportar. A primeira consequência seria a redução da jornada de trabalho e, por fim, o desemprego dos trabalhadores em um país voltado para a exportação, como é o caso da Alemanha.

E esta relação não existe somente para os produtores de automóveis, mas para todos os empresários médios, que queiram vender seus produtos para o exterior. É, pois, a existência de taxas de câmbio fixas entre as moedas é uma grande bênção, podendo o vendedor de antemão calcular o preço para as mercadorias sem ter que ficar atento às taxas de câmbio.

Parte do milagre econômico alemão dos anos de 1950 e 1960, após a Segunda Guerra Mundial, deve-se a este sistema de taxa de câmbio fixa de Bretton Woods. Por mais sucesso que o sistema tenha tido nos anos iniciais, acabou passando por um espetacular desenvolvimento negativo. O sistema funcionou somente à medida que os países participantes, especialmente os Estados Unidos, observavam determinada disciplina.

No início dos anos de 1960, os Estados Unidos, contudo, começaram a financiar a guerra do Vietnã por meio do aumento do volume de dinheiro em dólares americanos. Devemos imaginar isso no sentido de que os americanos "aceleraram a imprensa de dinheiro" para financiar as despesas com a guerra, colocando cada vez mais dólares em circulação. Com isso, os países participantes eram obrigados a comprar cada vez mais dólares para segurar a taxa de câmbio, a qual não tinha mais nenhuma conexão com a realidade. Com base na obrigação do pagamento em ouro, os países pensavam que a qualquer momento poderiam trocar os dólares pelo ouro não inflacionário, ainda que o dólar estivesse perdendo valor. Quando, porém, em 1969, a França quis trocar suas reservas em dólares por ouro, foi necessário reconhecer que as reservas de ouro dos Estados Unidos não eram suficientes nem sequer para satisfazer as exigências de um único país participante. Internacionalmente, os Estados Unidos, "na verdade", eram insolventes, e o sistema faliu oficialmente em 1971, mediante a declaração de não mais cumprimento da cláusula da obrigação do pagamento em ouro por parte do presidente Nixon.

Isso conduziu, entre outros, consequentemente à total flexibilização do câmbio das moedas, de modo que o câmbio do dólar caiu em relação ao marco alemão nos vinte anos seguintes, chegando ao nível de 1,36 em abril de 1995. Isto significa que um dólar americano valia 1,36 marcos alemães. O marco alemão era uma moeda forte, apesar de todas as consequências negativas para a indústria de exportação, como foi indicado acima com base no exemplo do carro de classe média para exportação. Mas o marco não era uma moeda tão forte como é o euro atualmente, o qual, em abril de 2008, estava na relação de 1,22 marcos para um dólar. Isso teve repercussões ainda mais negativas para a indústria de exportação.

O sistema de Bretton Woods foi uma boa invenção. Alguns anos depois, buscou-se introduzir algo similar na Europa por meio da uma aliança monetária, o que por fim, no ano de 1979, acabou constituindo o Sistema Monetário Europeu (EWS). Também aqui o objetivo era criar um espaço de estabilidade monetária entre as moedas dos países europeus participantes. Contudo, as taxas de câmbio não estavam fixadas de forma definitiva, mas interligadas por meio de uma espécie de sistema de *floating*. Inicialmente ficou combinado que haveria uma margem de 2,25% para mais ou para menos, portanto, ao todo uma margem de 4,5%. Mas também havia países para os quais esta margem não era suficiente, sendo concedida, assim, uma margem maior. Se a margem destas taxas de câmbio fosse extrapolada, o banco central dos países participantes deveria intervir no mercado. Por meio da compra e venda de moedas, o câmbio deveria retornar para a margem combinada. Isso possibilitou determinada capacidade de adaptação ao sistema. Contudo, havendo extrapolação demasiada das taxas, as taxas dominantes deveriam ser novamente fixadas. Entre os anos de 1979 e 1993, a política fez amplo uso disso. Ainda assim, sempre houve especulações contra países participantes, em especial contra suas moedas. Assim, por exemplo, aconteceu durante a maior crise do sistema, no ano de 1993, quando a margem da taxa de câmbio entre as moedas teve que ser massivamente expandida a fim de evitar um colapso do sistema. Ainda assim, a saída do sistema por parte da Grã-Bretanha e da Itália não pôde ser evitada.

Estas experiências, contudo, foram muito proveitosas em termos de aprendizagem e, apesar de todas a contrariedades, o sistema de *floating* continuou a se manter. O sistema deixou de existir com a introdução de uma moeda unitária na Europa, o euro, em 1° de janeiro de 1999. Inicialmente, o euro era utilizado somente como moeda para créditos e como indicador de preço para ações ou títulos garantidos com taxas de juro fixas, até que, finalmente, em 1° de janeiro de 2002, as novas moedas e cédulas efetivamente foram colocadas nas mãos dos cidadãos.

Inicialmente, o euro não foi bem-aceito pelas pessoas nos diversos países europeus: especialmente os alemães queriam manter sua moeda forte, "o bom e velho marco alemão". O desenvolvimento nos primeiros tempos deu razão a esta opinião. O euro era extremamente fraco e somente após alguns viria a se evidenciar como moeda forte, sendo hoje uma das moedas mais fortes do mundo, superando em muito o valor do marco alemão.

Devemos trazer à lembrança estes desenvolvimentos quando se trata de olhar as interrelações internacionais sob o ponto de vista econômico e financeiro. A partir dos anos de 1990, uma série de questões se modificou. O antigo bloco do leste europeu é hoje uma zona econômica mais ou menos neutra. A Índia e a China, assim como os países latino-americanos, desempenham um papel importante. E nisso nem sequer ainda visualizamos as enormes possibilidades econômicas dos países africanos no futuro.

Torna-se cada vez mais difícil avaliar as ondas financeiras internacionais; mais difícil ainda é dominá-las. Um comércio internacional livre abriga muitas possibilidades, mas também muitos riscos. Estes esclarecimentos mostram as dificuldades na conjugação internacional das forças no que tange a moedas e interesses. Aqui, contudo, não se pode somente observar consequências internacionais: cada país pode contribuir sozinho para que a jução entre as forças não se torne demasiadamente forte.

1.4 As causas da inflação

As pessoas me perguntam sempre por que um país não aciona simplesmente a "impressão de dinheiro" e produz dinheiro. Para muitas pessoas é totalmente incompreensível que, por um lado, o país detém a soberania para produzir moedas e cédulas, mas que, por outro lado, aparentemente não tem dinheiro suficiente para financiar suas próprias atividades. O estado inclusive gasta muito mais dinheiro do que arrecada, e a cada ano gasta tanto que deve contrair empréstimos, fazendo mais dívidas.

Na Alemanha, o endividamento total da união, dos estados e municípios, em março de 2008, perfazia mais do que 1,5 trilhões de euros, uma soma com doze zeros! Numa população de 82 milhões de habitantes, cada cidadão alemão tem uma dívida de 18.000 euros sem haver assinado diretamente um documento de dívida. Algo similar vale também para os países vizinhos: a República da Áustria tem uma dívida de 164,3 bilhões de euros, o que significa uma dívida de 22 mil euros por habitante.

Mas também não é assim aos poucos que se esteja começando a pagar estas dívidas. Pelo contrário, os governos da união, dos estados e dos municípios gastam todo ano mais dinheiro que o total de suas receitas. Isso pode ser manejado somente por meio da contração de novas dívidas. A cada segundo, o peso da dívida aumenta em 474 euros. Os pagamentos de juros por estas dívidas também atingiram valores exorbitantes. Aproximadamente 68 bilhões de euros devem ser arrecadados todos os anos somente para pagar juros. No orçamento do estado alemão de 2008, o pagamento de juros já assume o segundo lugar com 43 bilhões de euros, estando após o orçamento do Ministério do Trabalho, com destinação de 124 bilhões de euros. As gerações futuras de nossos netos e bisnetos deverão pagar estas dívidas! E isso pode ser feito assim como o faz qualquer cidadão quando tiver feito uma compra mais significativa, como um carro, um apartamento ou uma casa, pagando a dívida em parcelas. Ou pode ser feito de outra forma, muito mais drástica, a saber, por meio de uma desvalorização de dinheiro, melhor conhecida sob o nome de inflação.

Em contraposição ao cidadão comum, o estado pode teoricamente fazer com que o dinheiro tenha sempre menos valor, liquidando assim gradualmente suas dívidas. Mas existe um grande número de razões para um estado justamente não fazer esse tipo de coisas.

Os nossos antepassados ainda experimentaram na própria carne como é complicada a junção de dinheiro e inflação. A enorme desvalorização do dinheiro no final dos anos 20 do século passado simplesmente fez enormes fortunas sumirem por completo. Na Alemanha, tais taxas de inflação fazem parte do passado. Ainda que nos últimos anos os preços tenham subido na ordem de 3%, isto ainda é muito pouco em comparação com taxas de inflação de tempos passados ou com taxas de outros países, como, por exemplo, Zimbábue, na África, com uma inflação atual na ordem de 200 mil por cento, constituindo, portanto, uma galopante hiperinflação.

A seguir, gostaria de mostrar estes entrelaçamentos na forma de um pequeno excurso acerca da fórmula de Fisher:

Informação
A fórmula de Fisher

M*V=P*Y

M indica a quantidade de dinheiro; de forma muito simplificada, indica a soma de todas as cédulas e moedas que estão em circulação.

V indica a velocidade de circulação e a velocidade do circuito de entrada e saída do dinheiro. Esta indica a frequência com a qual, em média, a mesma quantia de dinheiro é usada durante um ano para a realização de compra.

P, do outro lado do sinal de igual, indica o nível de preços.

Y está para o efetivo produto interno bruto. Isso indica a soma de todos os bens e serviços produzidos em determinado período em determinado país (também formulado de modo simplificado). Nisso os bens e serviços são avaliados conforme seus respectivos preços de mercado.

Devemos imaginar todo o conjunto como um balanço ou uma balança que naturalmente tem a tendência de sempre se colocar na horizontal. De um lado, estão o dinheiro e a velocidade de circulação; de outro, o nível de preço e o valor dos bens e serviços. Se o Estado imprime mais dinheiro, então, no lado esquerdo, para efeitos de equilíbrio, a velocidade de circulação deveria diminuir. Mas isso não acontecerá tão logo, pois esta tem a característica de somente reagir de forma lenta, deixando de existir, portanto, um corretivo imediato. Além disso, a velocidade de circulação tenderá a aumentar se houver mais dinheiro no mercado. O lado esquerdo tenderá, pois, a ficar duplamente pesado, elevando o lado direito.

Um dos dois fatores, portanto, o nível de preço ou o valor dos bens e serviços no lado direito, deveria agora ficar "mais pesado" para novamente haver um equilíbrio. Mas numa economia não se pode produzir mais bens ou serviços sem que para isso haja uma demanda. Ninguém produzirá produtos que não sejam vendáveis, e ninguém fará alguma coisa de graça sem ter recebido o comando para isso. O problema reside especialmente no fato de que um trabalho não será valorizado se é oferecido sem pagamento. Consequentemente, a atividade não entra na mensuração do valor de bens e serviços, como é, por exemplo, o caso do trabalho de milhões de donas de casa e mães. Estas, muitas vezes, têm uma atividade extenuante e, em geral, uma jornada superior a oito horas diárias, mas não recebem nenhum pagamento por isso.

Como única possibilidade resta o aumento do nível de preços. Isso significa: inflação ou desvalorização do dinheiro. A mesma quantidade de bens fica mais cara ou pelo antigo preço se consegue adquirir menos bens. Isso será ruim especialmente para aquela pessoa que tem sua poupança somente em forma de dinheiro. Literalmente, a inflação novamente "devora", em sentido estrito, os juros. A desvalorização do dinheiro dificilmente é compensada e o investidor não pode ter nenhuma segurança de mais tarde obter alguma coisa por seu dinheiro. O dinheiro perde em valor, pois em 20 anos ele provavelmente receberá menos bens pela mesma quantidade de dinheiro do que hoje.

1.5 A relação entre juros e inflação

Como se pode facilmente compreender, cada investidor quer receber juros pela aplicação de seu dinheiro, compensando pelo menos a desvalorização do dinheiro. Como, contudo, se mede a inflação? Para isso, por exemplo, no âmbito da Alemanha, é calculada pela Agência Nacional de Estatística uma assim chamada "cesta básica", sendo recalculada a cada três anos. Na Áustria, a cesta básica é calculada para o índice de preços ao consumidor pela *Statistik Austria*, sendo ajustada a cada cinco anos. Para esta cesta básica são calculados essencialmente os gêneros alimentícios. Na Suíça, a Agência Nacional para Estatística calcula o *Landesindex der Konsumentenpreise* [índice nacional de preços ao consumidor - sigla em alemão: LIK] com atualização anual. A cesta básica suíça não abarca somente gastos com produtos alimentícios, mas também outros gastos do orçamento doméstico, como aluguel, energia, calefação, seguros, etc.

Na cesta básica alemã são incluídos todos os bens e serviços, dos quais as pessoas fazem uso, desde um pedaço de pão até a conta telefônica. Conforme a dimensão do orçamento doméstico (orçamentos de pessoas solteiras ou famílias com crianças), são aferidos regularmente os preços das vendas a varejo e dos serviços tarifados para os produtos e serviços, efetuando-se sua comparação. É óbvio que as pessoas não compram um carro ou um televisor novo todo ano, mas os preços são calculados percentualmente em relação ao previsível tempo de uso. Estas indicações gerais não são iguais para todos os cidadãos. Estes sentem de forma mais individualizada a alta de preços para gêneros alimentícios, gasolina e óleo para calefação. Os preços de produtos eletrônicos constantemente em queda não entram nesta conta. Assim surgiu o fenômeno da inflação "percebida", que por muitas pessoas é sentida como mais alta do que a desvalorização do dinheiro em três pontos percentuais que é divulgada anualmente pelos órgãos oficiais. (3% – isto é a desvalorização anual de nosso dinheiro [no caso alemão]. Segundo este valor percentual, em 20 anos, o dinheiro teria ainda somente a metade do seu valor atual.)

Em consonância com isso, o antigo Banco Central [Deutsche Bundesbank] já entendia como seu objetivo principal combater a inflação e atingir a assim chamada estabilidade monetária. Também o Banco Central Europeu assumiu esta tarefa como sua missão. Governos mais antigos, tanto na Alemanha quanto no exterior, entendiam isso de forma bem diferente; viam o objetivo de um banco central primeiramente no apoio ao ministério da economia ou das finanças. Ao ex-chanceler alemão Helmut Schmidt é atribuída a seguinte afirmação: "melhor 5% cento de inflação do que 5% de desemprego". Muitas vezes se podia ficar satisfeito quando se conseguia alcançar ou um ou outro.

A correlação entre juros e inflação somente é complicada no início. Vamos partir dos seguintes dados básicos: a economia está aquecida. Há demanda por muitos bens e serviços. O nível de desemprego está baixo. Cada um ganha bons salários e os juros também estão baixos. Cada um quer ter acesso a determinado bem, mas eventualmente não haja bens para todos os interessados. Aí somente ganha o bem quem está disposto a pagar um preço mais alto. Uma conjuntura com aquecimento econômico tem um efeito colateral, que é o de que os empregados podem fazer melhores acordos coletivos. Também os custos mais elevados são acrescidos aos preços das mercadorias, elevando o preço final. O Estado também acabará pagando salários mais altos para seus empregados e servidores. Provavelmente as receitas previstas para isso serão menores do que os impostos originados por meio do aquecimento da economia. A consequência é que os impostos serão elevados, o que novamente influenciará os preços. Portanto, tudo se torna ainda mais caro. Para adquirir um bem é necessário ter uma maior quantia de dinheiro. Por outro lado, pela mesma quantia de dinheiro uma pessoa recebe menos unidades do referido bem. Assim, o dinheiro tem menos valor; isso é inflação.

Na antiga República Federal da Alemanha, no início dos anos 70 do século passado, taxas de inflação entre 5 a 7% ao ano constituíam a regra. Contudo, após a unificação, a partir dos anos 90, as taxas de inflação baixaram a um nível entre 1 e 2%, subindo novamente a mais de 3% a partir de 2007. Mas ainda hoje existem países com taxas de inflação bem mais elevadas, quase como nos anos de 1920. A titulo de exemplo placativo, podemos mencionar mais uma vez o caso de Zimbábue, que no verão de 2008 registrou uma inflação acima de 200.000% ao ano.

Todo banco central naturalmente deseja evitar tais desenvolvimentos catastróficos. No quadro de uma política de juros e por meio de um correspondente direcionamento da quantidade de dinheiro, esta instituição buscará evitar a inflação. Isso se parte da reflexão fundamental de que uma elevação da taxa de juros, portanto do preço do dinheiro, tem consequências no sentido de combater a inflação.

Por meio da elevação da taxa de juros, torna-se menos interessante para empresários tomar dinheiro emprestado a fim de fazer investimentos em suas empresas. O juro mais alto deve ser primeiramente obtido por meio das receitas. Também para o cidadão comum torna-se eventualmente menos interessante tomar um empréstimo para, por exemplo, comprar uma casa ou um apartamento. O juro mais alto torna a aquisição mais onerosa, e o cidadão pensará duas vezes se está mesmo disposto a assumir o risco. Se no todo houver a diminuição da demanda, haverá uma venda menor de produtos. Os ofertantes, porém, têm todo interesse em vender seus produtos. Os armazéns estão cheios, mas mesmo assim se continua a produzir. Não lhes resta outra saída a não ser baixar constantemente os preços a fim de aumentar suas vendas. Com isso, as pessoas necessitam usar menos dinheiro para adquirir um bem. O dinheiro passa a valer mais, passando a haver o contrário de inflação.

Estas reflexões são apresentadas de modo bastante simplificado. As conexões nacionais e internacionais são muito mais complexas e intrincadas do que estas poucas linhas permitem deduzir. A decisão do banco central de subir ou baixar a taxa de juros deve ser muito bem pensada; muitas vezes, o próprio banco central se encontra em situação de encruzilhada. Independente do que fizer, pode ser a coisa certa ou a coisa errada, ou provavelmente ambas. Um exemplo do passado recente pode muito bem ilustrar o quanto tal decisão pode ser problemática. Com isso também se quer dizer que uma decisão em âmbito nacional pode afetar outros estados ou até todo o globo terrestre.

1.6 A globalização do dinheiro

A fim de tornar mais claras as relações internacionais do dinheiro, da circulação de dinheiro e do desenvolvimento dos juros, eu necessito fazer um retrospecto histórico. Após os atentados de 11 de setembro contra as torres gêmeas em Nova Iorque, a Casa da Moeda se viu forçada a baixar drasticamente a taxa de juros a fim de aquecer a economia. Por meio de juros mais baixos, buscava-se animar a indústria americana e os consumidores a investirem mais e, consequentemente, a gastarem mais. A decisão alcançou seu objetivo e os consumidores norte-americanos fizeram muitos investimentos, especialmente no mercado imobiliário. Nisso se deve ter a informação de que os empréstimos imobiliários nos Estados Unidos não são feitos como na Alemanha, na Áustria ou na Suíça, isto é, com taxas de juros fixas em contratos de longo prazo, mas por meio de contratos flexíveis. Os juros dos empréstimos constantemente são ajustados para cima ou para baixo, de acordo com o desenvolvimento dos mesmos. Após uma fase de juros muito baixos, a Casa da Moeda norte-americana, a partir do verão de 2005, começou a elevar lentamente a taxa de juros para, com isso, esfriar um pouco o aquecimento da economia, freando, assim, o perigo de inflação. Com isso, também começaram a subir os juros dos créditos imobiliários. Se com uma taxa de juros na faixa de 1 a 2% já era difícil honrar o financiamento, com uma taxa de 4 a 5% ao ano, isto se tornou efetivamente crítico. Aconteceu o que tinha de acontecer: muitas pessoas não conseguiram mais pagar sua hipoteca. A consequência foi a realização de leilões forçados. Como essa situação desfavorável se alargava cada vez mais e havendo sempre menos pessoas dispostas a comprar um imóvel, os preços continuaram a cair, colocando a desgraça em movimento. Não era mais possível frear a espiral de preços cada vez mais baixos e das vendas cada vez menores. A consequência foi a total inadimplência em muitos orçamentos domésticos.

Isso levou à situação de que os financiadores de imóveis juntaram em pacotes de financiamento os créditos de muitos devedores, oferecendo-os no mercado internacional. Aqui não é necessário elucidar as conexões suficientemente complexas. Somente é importante observar que a tessitura internacional de relações mútuas e de compromissos de modo algum é transparente. Muitas vezes, os seguros e as garantias não valiam o papel no qual estavam impressas! Isso se deveu ao fato de que o volume dos negócios realizados superou em muito as possibilidades a serem financeiramente justificadas. Orientações sobre capital próprio, probabilidades de insolvência e determinadas medidas de precaução aparentemente não tiveram lugar nos negócios realizados. Mesmo as instâncias encarregadas de supervisionar estes negócios não estavam aptas a reconhecer os verdadeiros riscos. Afinal, para quê? Durante muitos anos as transações correram muito bem, sendo um negócio muito bom para todos os envolvidos. Mas, no momento em que sempre mais clientes não conseguiam pagar seus débitos, a casa de cartas de baralho dos financiamentos e dos refinanciamentos caiu, dando início à crise financeira mundial.

Outro problema consistiu em que o dólar americano há anos já estava enfraquecido. O governo norte-americano havia se endividado enormemente a fim de financiar os gigantescos dispêndios para a guerra do Iraque. O dólar americano se tornou cada vez mais fraco; o euro, como segunda moeda internacional, se tornava cada vez mais forte.

As consequências da crise financeira se tornaram cada vez maiores; entre outros perigos, havia o perigo de gigantescas bancarrotas de bancos, de modo que a Casa da Moeda norte-americana, o FED (*Federal Reserve Bank*), se viu forçado, no início de 2008, a baixar drasticamente a taxa de juros. Com isso, o equilíbrio das moedas e dos juros, que já estava afetado, descambou por completo. Pois o investidor internacional tem a opção global relativa ao lugar e à moeda em que quiser investir seu dinheiro. Durante muitos anos, os americanos pagaram juros nominais, que estavam muito acima taxa de juros na zona do euro. Um aumento de 1 a 1,5 pontos percentuais era absolutamente normal. Este aumento era suficiente para os investidores poderem comprar o dólar americano, retirando dos americanos a possibilidade de créditos na base de dólares. Diante do aumento, porém, ninguém queria comprar os financiamentos. Depois que o FED havia baixado os juros repentinamente, muitos investidores queriam sair dos negócios em dólar por causa da inexistência da vantagem de juros. Se muitas pessoas colocam à venda determinado bem, o qual encontra somente poucos compradores, então o preço cai automaticamente. O dólar se enfraqueceu ainda mais, especialmente em relação ao euro. Aqui repentinamente se tinha a chance de obter juros mais altos do que na zona do dólar. Isso foi um desenvolvimento fatal. O preço por um dólar baixou sempre mais, ficando abaixo do já mencionado recorde de 0,62 euros em abril de 2008. Não se deve esperar por uma reação por parte dos norte-americanos. Para eles, este desenvolvimento é relativamente cômodo. O déficit na balança comercial anteriormente já detectado acaba sendo tendencialmente equilibrado. Exportações para os EUA se tornam mais caras (veja o exemplo do carro de classe média), mas exportações dos EUA para outros países, contudo, se tornam mais baratas. Isso fortalece o próprio mercado e a economia nacional. O desenvolvimento dos juros é apresentado mais uma vez no seguinte gráfico.

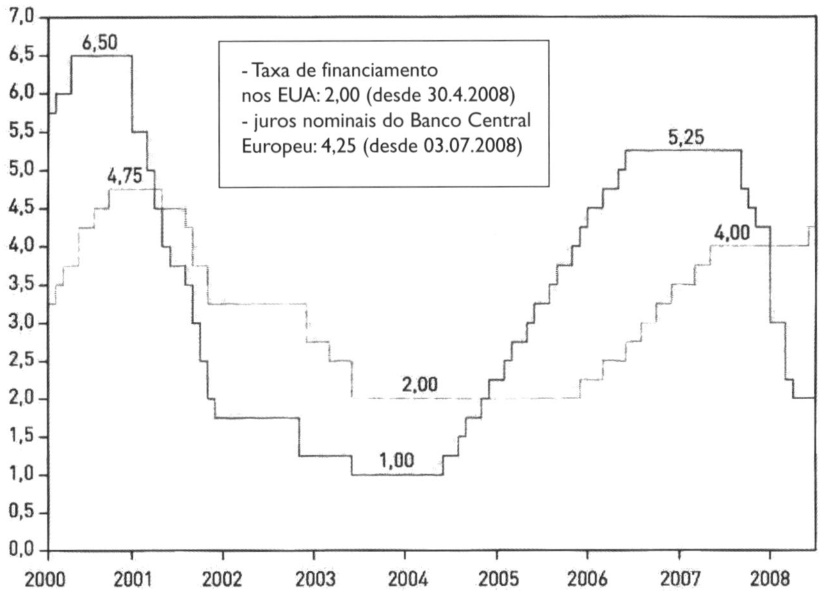

Fonte: www.leitzinsen.info

Para o Banco Central Europeu (EZB), isso só pode significar uma coisa: os juros devem ser baixados a fim de tornar menos interessante para o investidor estrangeiro demandar ainda mais euros, isto é, elevar ainda mais o preço em relação ao dólar.

Conforme apresentado acima, juros mais baixos significam uma aceleração da economia, o que automaticamente implica em preços mais altos. Desde 2007, na Europa, a conjuntura econômica é bem favorável. Na verdade, os juros deveriam ser elevados a fim de banir o perigo de uma inflação, que, por último, havia subido ao patamar de 3% ao ano.

Na consequência do esquema da quadratura [*Quadratur*] do círculo, isso constitui um dilema do qual a EZB não pode fugir. Independente do que um banco fizer nesta situação, a coisa está certa e está errada. A isso se acrescenta o fato do Banco Central, com base na crise de liquidez no início do ano de 2008, ter injetado muito dinheiro no mercado, sem haver a contrapartida na produção de bens ou serviços. Já com base nestas decisões, se poderia esperar uma elevação considerável da taxa de juros.

A partir desta breve exposição sobre a situação de 2007/2008, se pode deduzir que um banco central dificilmente está em condições de tomar uma decisão de forma autárquica ou autônoma. Isso atinge uma instituição tão poderosa como o Banco Central Europeu (EZB), o qual é responsável por uma importante área econômica; atinge também os bancos centrais de países ou comunidades asiáticas, sul-americanas ou africanas. As ondas de dinheiro globalizado percorrem o mundo. Todos os dias circulam vários trilhões de dólares americanos ao redor do globo. Somente uma parte desse total é usada para o pagamento de contas por bens ou serviços. As maiores somas servem somente para a mais pura especulação, portanto para a "aposta" em determinada evolução. Esta aposta pode dar certo ou dar errado.

Nisso não se leva em consideração que por meio de tais operações toda uma economia de um país pode ser levada à falência. Este é o ponto de partida que não pode ser tolerado. Um desequilíbrio entre países ricos e pobres, entre pessoas ricas e pobres num mesmo país é o solo fértil para conflitos nacionais ou internacionais. Quanto maior a assimetria, tanto maior é o potencial de conflitos no futuro!

1.7 O desequilíbrio econômico do mundo

Cada um de nós sabe que a riqueza mundial está mal distribuída. Há países ricos e países pobres e há pessoas ricas e pessoas pobres. O sociólogo e economista italiano Vilfredo Pareto (1848-1923) já havia analisado a distribuição da riqueza em seu país de origem, a Itália. Ele detectou que 20% das famílias detêm 80% da riqueza. Os 80% restantes da população detêm 20% da riqueza. É claro que há um desequilíbrio marcante na distribuição da riqueza. Este fenômeno é hoje conhecido como o princípio de Pareto. O próprio economista chegou a recomendar que os bancos se preocupassem mais com estes 20% da população, a fim de assegurar os seus serviços. Hoje sabemos que isso foi um engano. Nos anos 90 do último século, alguns grandes bancos buscaram se separar dos chamados "clientes de custo", passando a preocupar-se somente com os 20% mais lucrativos. Entrementes até estes bancos tiveram que reconhecer que isso não é tão fácil assim. Hoje os clientes "normais", como você e eu, já são novamente assediados por todos os lados e o negócio dos clientes privados vive um forte renascimento.

Infelizmente, esta regra de Pareto ainda é imprecisa demais para descrever a distribuição de riqueza nos países do mundo. No mundo, há uma diferença ainda maior entre a parte da riqueza dos pobres e dos ricos na população. Todos nós conhecemos relatos da Índia, da China e da Rússia. Por um lado, há pessoas que vivem numa riqueza muito grande, acumulada em pouco tempo: as oligarquias russas, os milionários chineses ou os grandes industrialistas da Índia; estes fazem parte das pessoas mais ricas do mundo. Por outro lado, há o restante da população, que muitas vezes não tem nem o necessário para a sobrevivência. Num espaço de poucos quilômetros fora da zona econômica especial na China vigoram situações como na Idade Média europeia.

Na Índia, 16,2% da população faz parte das castas inferiores, os chamados intocáveis. Apesar de haver uma regulamentação de cotas para o acesso às escolas e às universidades, eles ainda são desprivilegiados. A pressão política para fomentar estas camadas da população, a fim de evitar rebeliões, leva sempre a novos conflitos com os grupos mais influentes da população.

Segundo os dados do Banco Mundial, no ano de 2004, na Rússia, de cada cinco habitantes um vivia na zona de pobreza. A receita de uma pessoa deste grupo da população correspondia a aproximadamente 30,00 euros por mês. Por outro lado, no outono de 2006 foi realizada em Moscou uma feira para milionários, na qual foram oferecidos e vendidos os produtos mais caros do mundo. A mídia gosta de trazer notícias sobre tal ostentação e ganância por cada vez mais riqueza. O telespectador olha com uma mistura de inveja, nojo e descrença, mas rapidamente também se volta para outras notícias. Nisso se confirmam preconceitos sobre determinados grupos populacionais, e o cidadão normal afunda em letargia, em face de sua própria situação econômica, eventualmente também precária.

Quem, contudo, alguma vez esteve nas favelas das grandes cidades brasileiras, ou ouviu os relatos de primeira mão dos missionários e das missionárias na África, ou ouviu relatos sobre as crianças que vivem em lixões em Manila, certamente poderá avaliar as coisas de outro modo. Repentinamente fica claro o que significa na prática a política agrária europeia com todas as suas consequências.

Mesmo que o açúcar possa ser produzido de forma mais simples e mais barata no Brasil, em países europeus se insiste em continuar fomentando a dispendiosa produção de açúcar de beterraba e subsidiando a venda do açúcar com dinheiro de impostos. Em consequência disso, o açúcar de cana do Brasil não consegue mais concorrer com o açúcar de beterraba europeu. Para os pequenos agricultores brasileiros, isso significa deixar de exportar estes produtos, deixando também de receber as receitas decorrentes. Se fossem suprimidas as subvenções com dinheiro de impostos na Europa, o açúcar de cana internacional poderia ser novamente vendido [de forma competitiva]. No caso de uma adaptação dos salários nos países em desenvolvimento a níveis considerados coerentes com a dignidade humana, o conjunto resultaria ainda mais barato do que o programa de subvenções para o açúcar europeu. Além disso, ter-se-ia economizado dinheiro de imposto, e todos sairiam ganhando.

De fato é um choque quando se deve reconhecer que 45% da população brasileira vive abaixo da linha de pobreza. A linha de pobreza corresponde a ingressos na ordem de 1.500 dólares anuais (!). Isso corresponde a aproximadamente 1.000 euros ao ano ou a 82,50 euros ao mês! E, em geral, o custo de vida é tão elevado como na Europa central. Especialmente os preços dos alimentos sobem cada vez mais, sendo os mesmos inacessíveis para amplos setores da população. Isso levou a revoltas em alguns países no início de 2008. Assim, por exemplo, no Haiti: para muitas pessoas, o arroz é inacessível. Muitas pessoas se alimentam com biscoitos de barro, conforme foi noticiado pela imprensa internacional, embora isso seja difícil de acreditar. Feitos a partir de massa de barro com sal, misturada com um pouco de gordura, e depois secados ao sol, os biscoitos de barro provocam uma sensação de saciedade, mas geram cada vez mais sede. E água limpa é uma mercadoria escassa. Mas voltemos ao caso brasileiro: também ali os preços dos alimentos subiram de forma muito rápida. A feijoada, que constitui algo como um prato tipicamente brasileiro, é uma espécie de sopão de feijão. É um prato muito gostoso e é preparado de formas muito variadas. Inclui também carne. Para muitos, contudo, a carne na feijoada é impensável. Mesmo o feijão preto – na verdade, um alimento básico indispensável – é inacessível diariamente para muitos brasileiros. Originalmente, a feijoada era uma comida de restos destinada especialmente para a população pobre. Mas, no tocante à feijoada, os pobres há muito tempo ficaram para trás. Em contraposição a isso, outras camadas da sociedade brasileira dispõem de grandes riquezas. A distribuição percentual da riqueza é ainda mais injusta do que aquela criticada por Pareto. Se mesmo a classe média somente pode viver protegida atrás de grades e com medo de assaltos, então o caminho para rebeliões sociais não é longe. Nos quarteirões da pobreza em São Paulo e no Rio de Janeiro, há tempos já se organizaram sociedades paralelas, que dependem do poder dos barões das drogas. Morte, violência e assalto são delitos que estão na ordem do dia. O Estado já perdeu a possibilidade de intervenção.

Por isso pouco adianta se o tratamento médico, por exemplo, é praticamente de graça para a população "normal". Se para cada 500 mil habitantes há somente um hospital de médio porte, então este direito se torna uma fachada. E isso vale especialmente para a situação em que, embora a consulta seja gratuita, o remédio deve ser pago. As empresas farmacêuticas multinacionais estão em luz negativa quando, sob o argumento do direito de patentes, tentam impedir a produção e o uso de remédios genéricos mais baratos para o tratamento de pessoas portadoras de Aids! Isso é somente um exemplo para as possibilidades de intervenção de acionistas críticos, dos quais vou falar mais adiante.

A problemática surgida a partir das interrelações econômicas pode ser mostrada no seguinte exemplo: é estranho que numa feira africana sejam vendidas cebolas similares às que são vendidas numa feira em Colônia, Viena ou Zurique. A União Europeia subvenciona a exportação de verduras europeias para a África com dinheiro de impostos, destruindo os pequenos agricultores daquela região. Também é construído um mercado unitário de produtos alimentícios, o qual, com o passar do tempo, acaba levando ao esquecimento produtos regionais ou típicos de certas regiões.

Por mais bem intencionada que seja a doação de roupas por parte de cidadãos socialmente engajados na Europa central, suas consequências são catastróficas para a indústria regional dos países de destino. Se as roupas usadas da Europa central inundam os mercados das aldeias e cidades, então os costureiros locais não têm mais chance alguma de trabalho.

As empresas multinacionais continuam a explorar ainda hoje as riquezas naturais de muitos países em desenvolvimento. Em muitos países, as riquezas naturais conferem vantagens somente a pequenos grupos elitistas. A maioria da população não ganha nada com isso. Aqui podemos lembrar somente da problemática da exploração de petróleo ou da exploração de ouro ou de cobre. Além disso, o tema dos chamados diamantes de sangue da África levanta grandes problemas morais.

No passado, também o Banco Mundial nem sempre apoiou positivamente o desenvolvimento econômico nestes países. Durante décadas, o dinheiro era espalhado fartamente sobre estes países, sem ser empregado de forma coerente. Muitas vezes, o dinheiro sumia por canais obscuros ou era investido em projetos altamente questionáveis. Sem o devido controle na aplicação do dinheiro, este não era destinado somente para obras necessárias de infraestrutura, mas também para projetos de prestígio nacional. Talvez nem se deva mais fazer a pergunta pelo sentido ou não da aplicação do dinheiro. Ou talvez, em face disso, justamente se deve continuar a fazer a pergunta! Pois os investimentos não levaram ao progresso econômico sustentável. Se em consequência do aquecimento da economia global se configurava uma situação positiva, nos países em desenvolvimento, por conta da orientação unilateral da economia – por exemplo, a monocultura agrária ou a concentração em somente uma riqueza natural –, isso podia levar rapidamente a uma catástrofe, dando início à espiral do desenvolvimento negativo. Os estados não mais conseguiam pagar os empréstimos. Para fazer frente às obrigações, foi acionada a "máquina de imprimir dinheiro", fazendo aumentar a inflação, o desemprego e o empobrecimento de cada vez mais segmentos da população.

No cômputo geral, somente poucas pessoas lucraram com as medidas da comunidade internacional no passado. Não é à toa que o ex-presidente do Banco Alemão, Alfred Herrhausen, já nos anos de 1980, chamou atenção para a problemática do endividamento dos países em desenvolvimento e suas dramáticas consequências. Já naquela época ele pedia por um substancial perdão de dívidas, estando com isso à frente de seu tempo. Herrhausen percebeu que haveria de chegar o tempo em que os países em desenvolvimento não mais conseguiriam pagar suas dívidas. Na espiral de empréstimos antigos e novos, bem como de pagamentos vultosos na forma de juros, os países eventualmente até já tenham quitado suas dívidas. Ele criticou esta exploração adicional, sendo severamente censurado por causa disso. Este é um dos incompreensíveis momentos trágicos da história: alguém que se engajou pelas pessoas em todos os países e tinha uma visão muito ética do desenvolvimento social foi morto por causa de sua atividade dentro de um grande banco.

Hoje ele receberia melhor apreciação e haveria mais pessoas dispostas a acompanhá-lo no caminho para exercer influência no sentido de haver desenvolvimento social. Mesmo nos estados da Europa central as estruturas sociais estão no limite do realizável. Por um lado, há prosperidade econômica; por outro, um número crescente de pessoas que vivem de ajuda social.

A única solução consiste em buscar exercer influência sobre este estado de coisas, evitando que os pobres fiquem cada vez mais pobres e os ricos cada vez mais ricos. Aqui, contudo, não queremos esboçar nenhum programa do tipo "neosocialismo". Eu continuo a considerar a economia de mercado como a melhor forma econômica para possibilitar ao maior número de pessoas numa sociedade um bom nível de bem estar e vida. Isso inclui também e especialmente o acesso a estabelecimentos de ensino e a sistemas de saúde, previdência e outros.

Nos últimos anos, a dimensão social ficou "razoavelmente" reduzida no âmbito da economia de mercado. A produtividade deve valer a pena, mas para todos as camadas populacionais. Se o ganho salarial de amplos setores da população na Europa está situado pouco acima da inflação, havendo simultaneamente uma elevação dos custos da energia, então as pessoas têm a sensação de se encontrar numa situação de descenso social. Se aí tomam conhecimento de que os salários de outros setores da população anualmente aumentam mais do que 10%, então não se podem esperar das pessoas aceitação e compreensão para isso.

Justamente para um cristão deve ser uma necessidade fundamental entender a essência do dinheiro e aplicá-lo em sintonia com a fé cristã. Em si, o dinheiro não é algo ruim. Depende do que se fizer com ele e que influência a pessoa exerce com ele. Não é algo sem esperança se uma pessoa procura com seu dinheiro fomentar investimentos que sejam coerentes com a exigência cristã para a aplicação de dinheiro. Os objetivos de paz, justiça e preservação da natureza podem ser alcançados por meio de uma adequada lide com o dinheiro.

Anselm Grün

2. A Bíblia e o dinheiro

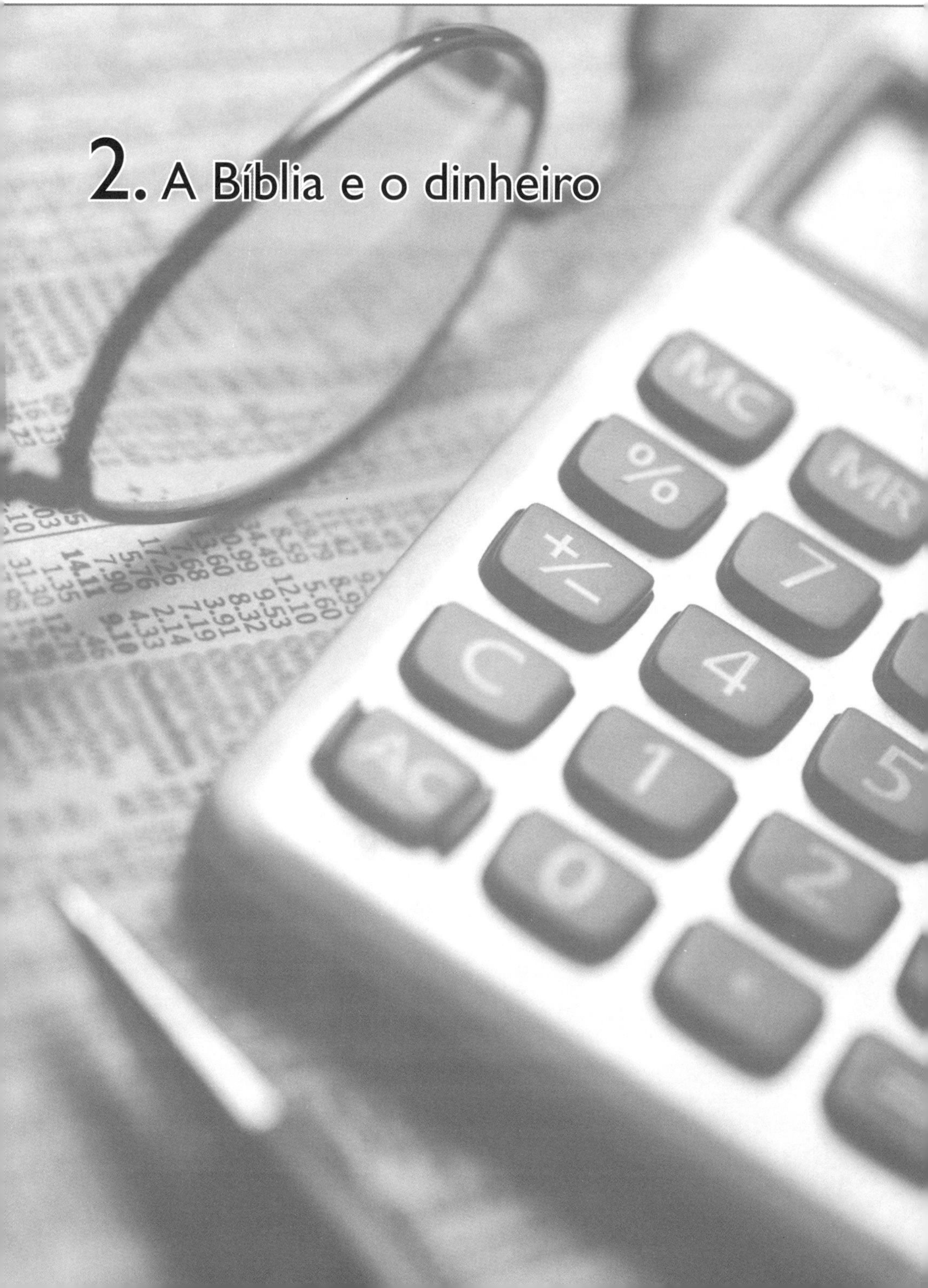

A Bíblia fala sempre de dinheiro. O Novo Testamento pressupõe a economia monetária do helenismo. Em suas parábolas, Jesus utiliza muitas vezes exemplos do âmbito econômico. Ele lida com o dinheiro de forma bastante livre de preconceitos. Ele simplesmente conta experiências que as pessoas têm com o dinheiro. Para ele, contudo, isso sempre é uma imagem para uma verdade mais profunda, isto é, para a relação consigo mesmo e para nossa relação com Deus. Paulo também não hesita em descrever o mistério da redenção com conceitos provenientes do mundo econômico, por exemplo, o perdão de dívidas e a nota de dívidas, os quais foram pregados na cruz (cf. Cartas aos Colossenses 2,14).

Dos quatro evangelhos, especialmente o Evangelho de Lucas é aquele que se ocupa com o uso adequado e com a posse do dinheiro. O próprio evangelista Lucas provavelmente provém de uma camada social privilegiada. Ele escreve seu evangelho para leitores letrados em grego e para a classe média grega, portanto, para grandes proprietários, comerciantes e artesãos. Para ele, o seguimento concreto a Jesus se mostra no modo da lida com a riqueza e a propriedade. Em Atos dos Apóstolos, Lucas descreveu de forma circunstanciada como a comunidade primitiva lidava com o dinheiro. Para Lucas, um sinal de que o reino de Deus havia chegado era a comunhão da igreja primitiva, a qual tinha tudo em comum. A comunidade de bens possibilitava também a comunhão dos corações e a equidade interior perante Deus. Eu não quero tratar aqui das muitas afirmações do Antigo e do Novo Testamento sobre o dinheiro, mas me restringir ao Evangelho de Lucas a fim de traduzir sua visão acerca do dinheiro para dentro de nosso tempo.

2.1 Emprestar dinheiro

No Sermão da Planície, Lucas nos transmite palavras similares de Jesus, como as que estão reunidas no Sermão do Monte, em Mateus. Contudo, no amor ao inimigo, pode-se sentir que Lucas tem em vista a complexidade da circulação helenista do dinheiro. O amor ao inimigo se torna concreto no tema do empréstimo de dinheiro: "E se emprestais àqueles de quem esperais receber, que merecimento tereis? Também os pecadores emprestam aos pecadores para receberem o equivalente" (Evangelho de Lucas 6,34). Lucas se refere às pessoas que possuem dinheiro. Ele atualiza o amor ao inimigo proposto por Jesus para dentro da situação de sua comunidade grega, a qual era abastada. Uma forma de demonstrar o amor ao inimigo consistia em emprestar-lhe dinheiro sem esperar a recompensa com juros ou juros sobre juros. Lucas não conhece a proibição da cobrança de juros. Ele parte do princípio que no mundo o dinheiro é emprestado de forma a se receber juros em troca. O modo cristão de também amar os que não me agradam consiste em emprestar dinheiro a essas pessoas mesmo quando não se recebe nada em troca. Isso exige uma liberdade interior em relação ao dinheiro: também posso perder dinheiro. Eu não estou só concentrado em tirar o máximo de meu dinheiro. Meu dinheiro deve, pelo contrário, servir aos outros.

Jesus fala sem preconceitos do empréstimo de dinheiro. Na narrativa da pecadora que lava seus pés, ele inclusive apresenta o exemplo da pessoa que empresta dinheiro: "Um credor tinha dois devedores. Um devia-lhe quinhentos denários e o outro, cinquenta. Como eles não tinham com o que pagar, perdoou-lhes a dívida. Qual dos dois o amará mais?" (Evangelho de Lucas 7,41-42). Não se faz uma avaliação da pessoa que empresta dinheiro. Aparentemente, Jesus acha isso normal. Contudo, na pessoa que empresta dinheiro se manifesta algo da generosidade e da misericórdia de Deus. Deus é tão generoso a ponto de perdoar as dívidas das pessoas. E aquele a quem a dívida é perdoada experimenta a misericórdia de Deus. Ele se torna apto a amar mais do que outros que acham poder adquirir a misericórdia de Deus por meio de obras. Se a pessoa participa da misericórdia de Deus, então ela entendeu quem é o Deus de Jesus Cristo. Tal pessoa preenche, então, a essência do Sermão da Planície: "Sede misericordiosos assim como vosso Pai é misericordioso!" (Evangelho de Lucas 6,36).

2.2 O dinheiro serve às pessoas

Em muitas passagens fica claro que para Jesus o dinheiro é algo positivo com o qual se pode fazer coisas boas e servir às pessoas. Lucas conta a respeito das mulheres que acompanhavam Jesus. Delas se afirma: "Joana, esposa de Cuza, administrador de Herodes, Suzana e muitas outras, que lhe prestavam assistência com seus bens" (Evangelho de Lucas 8,3). As mulheres, portanto, eram abastadas. Elas serviam a Jesus com seu dinheiro. Possivelmente elas faziam as compras para Jesus e os discípulos. O dinheiro tinha, portanto, uma função de suporte e de serviço. Elas o empregavam para um bom objetivo. Mas elas também eram realistas. Elas sabiam que também Jesus e seu círculo de discípulos não poderiam viver sem dinheiro. A fim de poder proclamar a Boa-Nova, eles precisavam de dinheiro. Jesus mesmo fundamenta isso em seu discurso de envio com as palavras: "Pois o operário merece seu salário" (Evangelho de Lucas 10,7).

Por ocasião de uma palestra, um homem jovem veio até mim reclamando do fato de ter de pagar ingresso pela palestra. Ele afirmou que Jesus também não tinha caixa. Por um lado, ele não havia percebido que a organização de uma palestra custa dinheiro e que isso pode render dinheiro ao organizador a fim de poder financiar outras palestras, as quais, por sua vez, novamente servem às pessoas. Por outro lado, era visível que ele não tinha lido direito a Bíblia. Jesus tinha de fato um caixa em seu círculo de discípulos. Em Lucas, as mulheres abastadas administram o caixa. Em João, é Judas aquele que administra as finanças (cf. Evangelho de João 13,29). Mesmo que Jesus tenha vivido de forma pobre, ele e seu círculo de discípulos tinham de viver de algo.

Acerca do bom samaritano, que ajunta um homem deitado à beira do caminho, colocando-o sobre seu animal de carga e levando-o a uma hospedaria, afirma-se: "No dia seguinte, tirou duas moedas e, entregando-as ao hospedeiro, disse-lhe: 'Cuida dele, e o que gastares a mais, na volta eu o pagarei'" (Evangelho de Lucas 10,35). O homem de Samaria obviamente trazia dinheiro consigo. E este foi aplicado por ele como uma bênção em favor do homem ferido. O dinheiro serviu para restabelecer a saúde do homem ferido. Com isso ele pagou, por assim dizer, os custos hospitalares.

Para mim, isto é um aspecto essencial do dinheiro. O dinheiro serve às pessoas, sua saúde, sua formação, sua sobrevivência. Se nós queremos fazer algo por outras pessoas, se queremos nos engajar na formação de pessoas, quando implantamos um projeto para crianças de rua, então necessitamos de dinheiro. A pergunta é: de onde consigo o dinheiro? Devo ajuntá-lo somente por meio de pedidos a outros ou não devo também recorrer às próprias capacidades de ganhar dinheiro? Eu penso que Deus nos deu o dom de pensar para que nós o usemos. Karl Rahner disse certa vez que a preguiça de pensar não é uma dádiva do Espírito Santo. Para mim, isso vale também para a pergunta de como eu emprego meu dinheiro. Muitas vezes, eu tenho a impressão de que a resistência ideológica contra a aplicação de dinheiro brota somente do próprio medo e da incapacidade de lidar de forma coerente com o dinheiro. Ao invés de admitir a própria incapacidade e de lamentá-la, há pessoas que se sentem ideologicamente superiores, olhando invejosamente para aquelas que lidam criativamente com dinheiro. E não se tem a liberdade interior em relação ao dinheiro. Se eu sirvo a outras pessoas com o dinheiro, então eu não o ganho para mim mesmo, mas para que outras pessoas possam viver a partir disso.

2.3 A liberdade interior em relação ao dinheiro

No capítulo 12, Lucas relata uma cena em que um homem chega a Jesus com o seguinte pedido: "Mestre, dize a meu irmão que reparta comigo a herança" (Evangelho de Lucas 12,13). Jesus se nega a fazê-lo. Ele não entende a si mesmo como conciliador em questões de dinheiro. Justamente em caso de disputas por causa de herança, nunca se trata somente de dinheiro, mas sempre da pergunta acerca de quem era o queridinho do papai ou da mamãe. Muitas vezes, sob o pano de fundo dos conflitos legais, são resolvidas as velhas disputas familiares. Há pessoas que se sentem como se tivessem tirado a sorte menor, não tendo recebido dos pais suficiente amor e cuidado. Aí se busca, posteriormente, equilibrar a falta de amor, procurando obter para si a maior parte possível da herança. Contudo, os problemas familiares não podem ser resolvidos com dinheiro. Pelo contrário, muitas vezes as família acabam brigando justamente por ocasião da herança. As relações são rompidas. Não se fala mais com o irmão ou com a irmã.

Jesus toma a disputa pela herança como motivação para alertar as pessoas diante de toda forma de ganância. A palavra grega *pleonexia* significa: querer ter sempre mais, nunca ter o suficiente, tirar vantagem do outro. Quem sempre quer ter mais, define-se somente a partir de questões exteriores. Nunca encontra seu próprio valor. Nunca chega a si mesmo ou a seu centro. Nunca está satisfeito consigo mesmo. Jesus expressa isso por meio de uma frase um pouco complicada: "Cuidado! Fugi de toda avareza, porque mesmo possuindo uma grande fortuna, a vida da pessoa não depende de suas riquezas" (Evangelho de Lucas 12,15). Alguns entendem a frase assim, que o ser humano deveria ter o essencial, mas não o supérfluo. Tudo o que é supérfluo deveria ser dado aos outros. Poder-se-ia traduzir esta frase também do seguinte modo: "A vida não ganha seu sentido a partir do fluir em demasia daquilo que lhe está à disposição, a partir dos meios externos". A própria vida deve fluir. Aquilo que eu retenho faz o fluxo da vida parar. A pessoa vive somente se sua vida e seu amor fluem em direção ao outro. E uma forma do fluir poderia consistir em não somente conceder ao outro somente o supérfluo, mas fazer fluir seu próprio dinheiro para o bem-estar das pessoas.

O que Jesus quer com isso dizer, ele esclarece no exemplo do rico fazendeiro (cf. Evangelho de Lucas 12,16-21). As roças deste homem deram boas colheitas. Ele pode, portanto, estar agradecido. Mas não era mérito dele poder recolher tão boa colheita. Lucas descreve as reflexões do rico fazendeiro na forma de um diálogo consigo mesmo. Ele gosta de utilizar este meio estilístico a partir da tragédia grega. Com isso, ele quer ajudar a formular as ideias dos ouvintes. Todos nós conhecemos as ideias que o rico fazendeiro formula em seu interior. Elas até parecem ser razoáveis. Se sua colheita não cabe nos celeiros velhos, é perfeitamente razoável construir novos. Porém, em seu pensamento, ele gira somente em torno de si mesmo e de seu futuro financeiro. Ele não utiliza aquilo que Deus lhe deu na colheita para compartilhar com os outros, mas visualiza somente sua própria prosperidade. Ele não fala para Deus, mas para sua própria alma, pronuncia palavras que também eram conhecidas no contexto grego e egípcio: "Descansa, come e bebe, e alegra-te com tua vida". Isso são pensamentos provenientes da filosofia epicurista, a qual naquela época era apreciada na Grécia e que ainda hoje encontra novos adeptos. Trata-se de gozar a vida da melhor forma possível, sentindo-se sempre bem. As ofertas de bem-estar seduzem as pessoas ainda hoje. E isso é perfeitamente possível. Mas Jesus vê o perigo da pessoa girar somente em torno de si mesma, em torno de seu próprio bem-estar. Não se pode, contudo, planejar o bem-estar e muito menos podemos mantê-lo somente para nós. Deus mesmo poderia pôr um ponto final em nossas reflexões: "Louco, nesta mesma noite tua vida vai ser requisitada. E para quem vai ficar o que ajuntaste?" (Evangelho de Lucas 12,20). Nós não podemos reter nada, nem propriedade, nem sucesso, nem reconhecimento e confirmação. Isso são coisas exteriores. Trata-se da vida, ou da alma, como se diz em grego. A alma está relacionada com a vida interior da pessoa. Ali, no interior, se decide se a vida prospera ou não.

A propriedade não é ruim em si mesma. Mas – segundo C. G. Jung – ela tem a tendência de fortalecer a máscara. Na posse do dinheiro reside a tentação de equilibrar e compensar a falta de valor próprio por meio do próprio dinheiro. Isso, contudo, leva ao fato do ser humano ser separado de sua alma. Uma pessoa me contou sobre seu marido que era muito bem-sucedido como analista econômico. Suas ideias giravam somente em torno do dinheiro, somente em torno da questão de como ele poderia ganhar ainda mais dinheiro. Mas ela não conseguia mais atingir seu coração. O dinheiro o separou de seu coração. O coração dele ficou endurecido. Não conseguia mais admitir nenhum tipo de sentimento. Ele vivia para si e distanciado de Deus. Jesus afirma que quem quiser preservar sua riqueza, assim como o rico fazendeiro, certamente haverá de falhar. Jesus fala de pessoas que somente querem juntar mais tesouros, que querem ter tudo para si mesmos. Nunca têm o suficiente. Sua vida, porém, não produz mais nenhum fruto. Na psicologia contemporânea, fala-se do "sentimento de *flow*" [fluxo], que é a verdadeira condição para ser feliz. A vida deve fluir. E ela somente fluirá se eu me entregar a mim, a meu tempo e a meu patrimônio, se eu me entregar ao trabalho, se eu me entregar às pessoas. Jesus afirma que quem se entrega ficará rico diante de Deus.

O exemplo de Jesus acerca do rico fazendeiro mostra um aspecto essencial da relação espiritual com o dinheiro. Eu sempre devo saber que sou mortal e que não levarei meu dinheiro na morte. Minha mãe sempre dizia: "A gente sempre deve dar com a mão quente". Há pessoas que até idade avançada querem segurar tudo a fim de deixar uma herança para seus descendentes. Contudo, se tais pessoas são gananciosas durante o tempo de vida, os filhos e os netos também não terão muita alegria com a herança. Eles haverão de dar continuidade à dureza do pai ou da mãe em suas discussões. O dinheiro não será para eles uma bênção, mas uma maldição.

Pensar na morte deveria nos convidar sempre para o exercício da generosidade; por outro lado, deveria nos conscientizar que sempre necessitamos de liberdade interior em relação ao dinheiro. Quem na aplicação do dinheiro girar somente em torno de si mesmo – como o rico fazendeiro – não é livre. E quem durante a oração pensar constantemente em dinheiro torna-se dependente dele. Jesus quer que lidemos bem com o dinheiro, mas sempre com liberdade interior. Com a história do rico fazendeiro ele nos coloca diante da questão: a partir de onde nós nos definimos? A partir de Deus ou a partir do dinheiro, com o qual nosso coração está ligado? Se nós sempre pensarmos somente em como podemos aumentar nosso dinheiro, então corremos o risco de transformar o dinheiro em ídolo e escravizarmos a nós mesmos. O dinheiro haverá de determinar todos os nossos pensamentos e nos separar de nossa verdadeira essência. Jesus nos desafia a refletir sobre o que é o verdadeiro sentido de nossa vida. O sentido não consiste em ter o máximo possível, mas em colocar a serviço das pessoas aquilo que Deus nos dá. Isso vale para o dinheiro, mas também para todas as dádivas que Deus nos coloca à disposição para servir às pessoas.

2.4 A preocupação com o dinheiro e com o reino de Deus

Sempre devemos ter consciência do verdadeiro objetivo de nossa vida. Jesus nos remete a isso no poema educativo sobre a falsa e a verdadeira preocupação, o qual Lucas acrescenta como comentário à narrativa do rico fazendeiro (Evangelho de Lucas 12,22-34). Dificilmente outro texto gerou tanta discussão crítica quanto este poema. Ele seria responsável pela ideia de não se preocupar com o dia seguinte. Ernst Bloch afirmou que o texto mostra a ingenuidade econômica do cristianismo. Aqui, porém, não se trata da preocupação econômica ou financeira de uma família, uma empresa ou uma comunidade. Aqui se trata da preocupação em si. Hoje muitas pessoas são afligidas pela preocupação. Elas se preocupam com questões como: conseguirei dar um jeito em minha vida? Terei o suficiente para viver quando for idoso?

A palavra grega para preocupação, *merimna*, significa afligir-se antecipadamente com alguma coisa, esperar com temor por algo, ter medo diante de algo. Jesus conhece as preocupações opressivas que nos martelam. Um Salmo nos ensina que tais preocupações devem ser lançadas sobre Deus. Com relação ao sofrimento que as preocupações nos infligem, Jesus nos responde com um poema pedagógico. Para as pessoas responsáveis pelo trabalho da roça, ele indica os pássaros que não semeiam e não colhem, mas mesmo assim sempre têm o suficiente para comer. Deus se preocupa com eles. Para as mulheres responsáveis pelo trabalho da casa e da tecelagem, ele indica os lírios dos campos, que não trabalham nem fiam e ainda assim estão maravilhosamente vestidos (Evangelho de Lucas 12,24-27).

É compreensível que a pessoa se preocupe temerosamente com sua vida e seu futuro. Pois sua existência neste mundo corre perigo. Contudo, a falta de segurança em sua existência não deveria levar a pessoa à preocupação temerosa, mas à confiança de que o próprio Deus haverá de cuidar dela. Jesus indica para o pai que sabe que necessitamos do dinheiro para nosso sustento. Mas ele também nos mostra do que afinal de contas se trata em nossa vida: "Buscai primeiro o reino, e estas coisas vos serão dadas por acréscimo" (Evangelho de Lucas 12,31). Não se trata, pois, de não planejar com sentido e responsabilidade a minha existência terrena, gerando determinada preocupação e busca por segurança. O ponto decisivo, contudo, é: se eu girar somente em torno de mim mesmo e de meu medo, toda a minha vida será consumida e cheio de intranquilidade eu vou procurar sempre por novos caminhos para me sentir seguro. A perspectiva do reino de Deus relativiza minha preocupação. Eu posso me assegurar da melhor forma possível contra roubo. Mas eu não posso impedir que ele aconteça. Posso investir o máximo possível em seguro de vida. Mas, com isso, eu não posso prolongar minha vida. Eu não tenho garantia de uma vida saudável e uma idade avançada. Eu estou na mão de Deus. O decisivo é que o reino de Deus vem; que Deus atua também em mim. Se Deus domina em mim, então eu estarei livre da preocupação opressora; então Deus me liberta dos ídolos deste mundo, aos quais eu me apego temerosamente e os quais nunca dão sossego enquanto eu não pertencer totalmente a eles.

Preocupação temerosa ofusca o espírito. Eu devo me preocupar com meu futuro. Mas eu não agirei de forma responsável. O medo me levará a fazer gastos e a fazer seguros sem sentido. Jesus quer nos libertar da preocupação temerosa, a fim de que possamos assumir racionalmente a preocupação por nós e por nossa família. A arte consiste em tomar providências antecipadas em relação ao futuro e, simultaneamente, sempre nos desprender da preocupação. O reino de Deus não é um reino externo, mas uma imagem para o espaço interior do silêncio, por meio do qual

Deus habita em nós. O reino de Deus está em nós – assim afirma Jesus no Evangelho de Lucas (cf. Evangelho de Lucas 17,21). Em nós existe um espaço do silêncio, no qual Deus domina em nós. E ali, onde Deus domina em nós, nós estamos livres do poder das pessoas, de suas expectativas, de suas exigências; estamos livres da preocupação e dos temores. Ali nós estamos salvos e inteiros; estamos em paz conosco mesmos, sendo totalmente nós mesmos.

Neste espaço interior, no qual Deus habita em mim, posso durante algum tempo fazer a experiência de que tenho tudo do que eu preciso para viver. Ali termina meu temor por meu futuro econômico. Isso não significa que não agirei de forma responsável em relação a minhas finanças. Mas, em mim, há um espaço que não é atingido por elas. Isso me dá verdadeira liberdade e paz. Neste espaço interior, nenhuma preocupação me oprime. Independente do que venha a acontecer comigo, eu sei: Deus está em mim. E ali, onde Deus, o mistério, habita em mim, ali eu posso estar em casa, ali, em meio à falta de cuidado e de segurança, eu serei sustentado e acolhido.

Jesus nos remete a isso nas palavras ao final do poema pedagógico sobre a preocupação: "Fazei para vós bolsas que não se gastem, um tesouro que não se esgota nos céus, aonde o ladrão não chega nem a traça corrói. Porque onde estiver vosso tesouro, aí estará também vosso coração" (Evangelho de Lucas 12,33-34). Também esta palavra se pode interpretar de formas distintas. Para Lucas, nós preparamos para nós mesmos um tesouro no céu quando partilhamos nosso dinheiro com os pobres. Isso é um caminho importante para ajuntar tesouros. Jesus, porém, indica ainda outro caminho. Ele nos quer dizer do que se trata afinal em nossa vida: não se trata de tesouros externos, mas da riqueza interior da alma. A verdadeira riqueza da pessoa é Deus. Se Deus é nossa riqueza, então também nosso coração está junto a Deus e em Deus. E somente em Deus nosso coração está verdadeiramente vivo. Se o coração estiver preso a tesouros exteriores, ficará endurecido e sem misericórdia. Somente quando nós abrimos o coração para Deus, ele permanecerá vivo, sendo também misericordioso em relação às pessoas.

2.5 A lide confiável com o dinheiro

Em conexão com a parábola do administrador esperto (cf. Evangelho de Lucas 16,1-8), Lucas apresenta algumas palavras de Jesus, nas quais ele fala sobre a lide confiável com o dinheiro: "Pois eu vos digo: fazei amigos com o dinheiro injusto, a fim de que, quando ele faltar, vos recebam nas moradas eternas. Quem é fiel nas coisas pequenas, é fiel também nas coisas grandes. Quem é desonesto nas coisas pequenas, é desonesto também nas grandes. Portanto, se não fostes fiéis ao lidardes com a riqueza injusta, quem vos confiará a verdadeira? E se não fostes fiéis ao lidar com a riqueza alheia, quem vos dará o que vos pertence?" (Evangelho de Lucas 16,9-12).

A palavra *mamon* significa: "aquilo em que se confia, aquilo com o que se pode contar" (Bovon II, 80). No Novo Testamento se torna imagem para a riqueza. Aqui o dinheiro não é ruim em si mesmo. Jesus fala muito mais do dinheiro que se ajuntou por meios obscuros. Mas, mesmo com este dinheiro, se deve fazer amigos e fazer coisas boas. Na medida em que se dá aos pobres o dinheiro que se tem – independentemente se foi ajuntado por meios corretos ou obscuros -, pode-se fazer amigos que esperarão por nós no portão dos céus.

A transformação do dinheiro por meio da partilha também está presente noutra palavra de Jesus, que Lucas interpreta a sua maneira peculiar: "Dai, antes, em esmola o que tendes, e todas as coisas vos serão puras" (Evangelho de Lucas 11,41). Em Marcos, trata-se de que Jesus declara todas as comidas como puras. Em Lucas, para nós, tudo se torna puro se for dado aos pobres. Isto é uma interpretação peculiar. O exegeta francês François Bovon extrai desta interpretação a seguinte consequência: "A postura em relação ao dinheiro é, em Lucas, o teste e o símbolo para a postura em relação a Deus" (Bovon II, 228). A liberdade em relação ao dinheiro, que se mostra na partilha com outras pessoas, torna o dinheiro puro para as pessoas.

Nos versículos 10 até 12, no capítulo 16 do Evangelho de Lucas, o evangelista Lucas descreve o dinheiro com imagens distintas. Por um lado, é algo pequeno. Não deveríamos concebê-lo como o valor supremo. É riqueza injusta, que na verdade não nos compete, mas que ainda assim nos é confiada. Por fim, o dinheiro é um bem estranho, que em realidade não nos pertence, mas que nos foi confiado. Mesmo assim, devemos lidar de modo confiável, fiel e correto com o dinheiro. Na lide com o dinheiro, nós sempre mostramos simultaneamente nosso verdadeiro interior. Se nós lidarmos de modo correto com o dinheiro, também Deus agirá bem conosco e nos presenteará grandes coisas; confiará a nós o verdadeiro bem, que realmente é nossa propriedade. Com os binômios pequeno-grande, injusto-verdadeiro, estranho-próprio, Lucas remete para concepções da filosofia grega, especialmente da filosofia de Platão. Para Platão, o dinheiro, por um lado, é pequeno em relação à alma. É *adikos*, isto é, é algo que nos pode enganar, algo em que, em últimos casos, não se pode confiar. Por outro lado, é algo estranho, algo que não tem nada a ver com nossa verdadeira natureza. Pode distanciar a pessoa de sua verdadeira essência. A verdadeira propriedade, aquilo que é essencial para a pessoa, é a alma. Mas – e nisto reside o revolucionário nas palavras de Jesus, conforme a interpretação de Lucas – mesmo que o dinheiro seja algo estranho e, em último caso, injusto, algo que não nos compete, ainda devemos lidar com isso de modo confiável. Pois da relação confiável com o dinheiro depende nossa relação com Deus. Deus não nos presenteará a riqueza interior da alma se nós não lidarmos bem e de modo confiável com as coisas exteriores, como o dinheiro e a propriedade.

Lucas, portanto, não espera que os latifundiários, os comerciantes e negociadores saiam deste mundo ou que desperdicem sua riqueza. Eles devem lidar com ela de modo fiel e confiável, de modo parcimonioso e cuidadoso. A palavra grega *pistos* se refere a pessoas em que se pode confiar e depositar fé. O dinheiro também pode ser partilhado para o engano. Por isso Jesus pede de nós que sejamos confiáveis ao lidar com o dinheiro. Aqui o dinheiro não é elogiado. Simplesmente é tomado como realidade. E com esta realidade nós devemos lidar de modo confiável. Pelo modo como nós lidamos com o dinheiro evidencia-se, por fim, nossa espiritualidade. Como administrador, eu posso fazer esta experiência diariamente. O modo como os confrades lidam com o dinheiro sempre diz algo sobre seu caráter. O confrade que administra o caixa chega a conhecer muito bem os confrades. Aí se mostra o que é a verdadeira espiritualidade e o que é somente aparência, sob a qual se esconde preocupação temerosa, o sentimento de ter sido passado para trás ou a própria ganância.

Às palavras sobre a lide cuidadosa e confiável com o dinheiro, Lucas ainda acrescenta outra palavra de Jesus: "Nenhum servo pode servir a dois senhores: ou odiará um e amará o outro, ou ficará com este e abandonará aquele. Não podeis servir a Deus e à riqueza" (Evangelho de Lucas 16,13). Entre os judeus era perfeitamente possível um escravo pertencer a dois senhores. Aqui, contudo, Jesus radicaliza. Nós não podemos servir a Deus e ao Mamon. O dinheiro não pode ser colocado no mesmo nível que Deus, senão pode se transformar em ídolo. Devemos lidar cuidadosamente com o dinheiro. Mas nunca devemos servir ao dinheiro. Quem serve ao dinheiro acaba colocando o dinheiro no mesmo nível que Deus, tornando-se, assim, dependente dele. Com o dinheiro, devemos servir às pessoas. Mas, se tudo serve somente ao dinheiro, então este mundo verdadeiramente é regido pelo dinheiro. Deste modo, ele se torna desumano. Nos dias de hoje, nós experimentamos que tudo é visto a partir da perspectiva financeira: toda conversa com o médico, toda ação da enfermeira, tudo é devidamente medido e calculado. Valores financeiros são colocados acima dos valores humanos. Isso faz mal às pessoas. Jesus diz que somente aquele que serve a Deus, aquele que coloca a Deus no centro de sua vida, consegue lidar bem com o dinheiro. Do contrário, nós nos tornamos escravos do dinheiro. Aquele que serve a Deus torna-se livre; experimenta sua dignidade humana. Quem serve ao dinheiro será escravizado. Transformar-se-á em mercadoria a ser medida conforme valores financeiros. Assim, esta pessoa perde seu verdadeiro valor.

2.6 Partilhar os bens

Novamente Lucas escreve palavras de Jesus, nas quais trata a partilha de nossos bens. Na história do publicano Zaqueu (Evangelho de Lucas 19,1-10), ele nos mostra como a pessoa é capaz de partilhar seus bens com os outros. Zaqueu é de pequena estatura. Poder-se-ia dizer: ele tem complexo de inferioridade. Até então ele o havia compensado à medida que ele, como publicano chefe, humilhava seus subordinados, a fim de que eles confiassem em sua grandeza. E ele próprio compensou sua falta de valor próprio juntando o máximo de dinheiro. Mas a riqueza não produziu aquilo que o publicano verdadeiramente queria: ser visto e considerado, aceito e amado. Pelo contrário, Zaqueu é cada vez mais excluído e estigmatizado como pecador. Esta experiência também é feita hoje em dia por muitas pessoas ricas. Uma pessoa deste tipo certa vez me disse: As pessoas somente me querem porque eu tenho muito dinheiro. Elas esperam algo de mim. Mas a mim como pessoa elas não querem. Ser visto somente por causa de seu dinheiro não corresponde a nossa mais profunda busca por amor e consideração.

Jesus não condena o publicano. Ele olha para ele. A palavra grega *anablepo* significa que eu reconheço o céu que existe sobre uma pessoa, que eu reconheço o cerne divino numa pessoa. Jesus vê em Zaqueu a busca pelo bem e a saudade de Deus. E assim ele se convida para estar com ele, sem dizer uma só palavra acerca de seu comportamento. Esta aceitação incondicional por parte de Jesus transforma o ganancioso publicano em uma pessoa generosa. Enquanto as pessoas se escandalizam pelo fato de Jesus entrar na casa de um pecador, Zaqueu se dirige a Jesus com as palavras: "Senhor, vou dar a metade de meus bens aos pobres e, se prejudiquei alguém em alguma coisa, vou devolver quatro vezes mais" (Evangelho de Lucas 19,8). Com esta promessa, Zaqueu envergonha os fariseus, que o haviam rejeitado como publicano e pecador. Os fariseus esperavam que alguém entregasse aos pobres a quinta parte de seus bens. Agora Zaqueu sente dentro de si a liberdade interior, podendo dar seu dinheiro aos pobres, porque não mais precisa dele para compensar por meio dele a falta de valor próprio.

Também nesta história Zaqueu não precisa renunciar a seu trabalho. Ele pode continuar arrecadando dinheiro como publicano. Só que ele certamente não mais agirá de forma injusta. A partir de si, ele está disposto a devolver aquilo que ele arrecadar de forma injusta. Zaqueu se transforma, porque ele experimentou o amor. Muitas vezes, o dinheiro é um substitutivo para a falta de amor. Crianças pegam dinheiro da carteira dos pais, porque acreditam não serem suficientemente amadas. Quem se sente amado por Deus também aprenderá, como Zaqueu, a ter uma correta relação com o dinheiro. Como pessoa amada, estará disposta a compartilhar seu amor e a expressá-lo concretamente, dando aos outros um pouco de seu dinheiro.

O Jesus do Evangelho de Lucas sempre relaciona a disposição de seguir a seu chamado com a disposição de se desprender de seus bens. Nisso, contudo, não precisa entregar tudo. Deve, porém, partilhar parte de seus bens com os pobres. Pode acontecer, todavia, que a vocação de alguém seja a de partilhar tudo. Isso se torna claro na história do jovem rico, que é contada por Lucas de modo semelhante ao de Mateus e Marcos (cf. Evangelho de Lucas 18,18-30). Este homem jovem pergunta a Jesus o que ele deve fazer para ganhar a vida eterna. Jesus o remete aos mandamentos. Contudo, ele diz que cumpriu com todos eles. Assim, Jesus sente que este homem está vocacionado para algo a mais: "Ainda te falta uma coisa: vende tudo o que tens, dá o dinheiro aos pobres e terá um tesouro nos céus; depois vem e segue-me" (Evangelho de Lucas 18,22). Aqui Jesus não cria um mandamento com validade para todos. Nesta pessoa ele tem a impressão que a vocação consiste em abandonar tudo. Esta pessoa poderá, então, seguir Jesus de forma nova. O jovem, contudo, não logra seguir este chamado. "Mas ele, ouvindo isto, ficou triste, porque era muito rico" (Evangelho de Lucas 18,23). A riqueza impede este homem de se libertar de tudo o que ele tem, para assim ser livre para os pobres e para o seguimento a Jesus.

Jesus responde à incapacidade do jovem rico de segui-lo: "Como é difícil para os que possuem riquezas entrar no Reino de Deus! É mais fácil um camelo passar pelo buraco de uma agulha do que um rico entrar no Reino de Deus" (Evangelho de Lucas 18,24-25). Esta palavra causou temor a muitas pessoas que têm alguma riqueza. Não se trata, porém, de dizer que toda pessoa rica está excluída do Reino de Deus. Trata-se muito mais das pessoas que estão presas em suas riquezas, definindo-se por meio delas. Estas estão excluídas do Reino de Deus. Pois nelas domina o dinheiro e não Deus. Reino de Deus significa que Deus assume o domínio em nós. Se Deus mora em nós, então nós podemos nos relacionar de modo livre com o dinheiro; então nós podemos até nos desfazer de tudo. Assim, a realidade de Deus se tornará determinante para nossa vida, de modo que todo o resto não é mais importante. Jesus não quer excluir do Reino de Deus as pessoas que possuem riquezas. Mas ele quer adverti-las a partilhar sua riqueza com os outros. As duras palavras parecem ser pesadas demais aos ouvintes e assim Jesus acrescenta: "O que é impossível para os homens é possível para Deus" (Evangelho de Lucas 18,27). Deus pode penetrar até no coração endurecido e abri-lo para seu Reino. Por isso não nos compete julgar as pessoas ricas. Todos nós devemos encontrar um caminho para nos livrar de nossas riquezas, a fim de partilhá-las com os outros.

2.7 Multiplicar o dinheiro

Todo leitor da Bíblia conhece a parábola de Jesus sobre os talentos. Em Mateus, o senhor distribui a um servo um total de cinco talentos (aproximadamente 300 mil euros); a outro, dois talentos e a um terceiro, somente um. Os dois primeiros trabalham com aquilo que receberam. Provavelmente eles duplicam aquilo que receberam por meio de comércio inteligente ou por meio de trabalho manual ou, então, fazem isso no trabalho agrícola. O terceiro enterra seu talento por medo do severo senhor. Ele tem medo diante de Deus. Por isso ele não quer cometer nenhum tipo de erro. Ele não quer perder nada daquilo que lhe foi confiado. Jesus condena este terceiro servo. Se ele tem uma imagem tão negativa de Deus, então sua vida sempre será perpassada por choro e ranger de dente. E se ele somente visa não cometer nenhum erro, então ele perderá sua vida e fará tudo errado. Para quem quer controlar tudo na vida, esta seguramente sairá de seu controle. Na parábola, o senhor diz para o terceiro servo: "Devias, então, ter colocado meu dinheiro no banco, pra que assim, ao voltar, eu recebesse com juros o que é meu" (Evangelho de Mateus 25,27). Isso certamente não teria sido a melhor solução. Mas Jesus parte da premissa de que a aplicação de dinheiro junto a um banco pelo menos é uma possibilidade de multiplicar o dinheiro.

Lucas conta uma parábola similar. Contudo, as diferenças que ele tem em relação a Mateus mostram que ele pensa em termos da economia monetária grega (cf. Evangelho de Lucas 19,11-27). Em Lucas, o senhor chama a seus dez servos e dá a cada um a mesma soma em dinheiro: uma mina. Este valor é consideravelmente menor do que em Mateus. Ele corresponde mais ou menos ao equivalente a mil euros. O primeiro rapidamente aumentou em dez vezes o valor do dinheiro; o outro aumentou em cinco vezes. Estes trabalharam com seu dinheiro, multiplicando-o. Para Jesus, isso não constitui nenhum inconveniente. Antes, serve como imagem para a vida. Para Jesus, aqui não se trata da questão da aplicação do dinheiro, mas da exigência de ousar sua vida em confiança, ao invés de enterrar seu talento com medo de não ser o melhor. Nós não precisamos ser os melhores. Mas, com aquilo que recebemos, devemos ousar começar algo novo.

Para Jesus, a aplicação de dinheiro é, portanto, uma imagem para um processo espiritual, para a disposição de ousar sua vida e se entregar a uma obra em favor das pessoas. Somente quem se entrega pode ganhar a sua vida. Se a aplicação de dinheiro acontece sem ganância, pode perfeitamente ser uma imagem para toda a nossa vida. Na nossa vida se trata de que também vivamos aquilo que recebemos de Deus, vivendo em confiança. Nisso devemos assumir um risco. Quem se deixa envolver por uma pessoa nunca sabe se a relação dará certo. Quem se engaja por alguma ação nunca tem a garantia que a tarefa será bem-sucedida. Mas trata-se de colocar sua vida em jogo. Isso Jesus fez em sua morte na cruz. Ali ele entregou sua vida por nós. Quem somente enterra seu dinheiro, querendo absoluta segurança, este arrisca muito pouco sua vida. Tal pessoa nunca gostaria de ser criticada quando perde algo. Contudo, quem não arrisca nada, também não ganha nada. Quem, contudo, arrisca algo, sempre corre o risco de ser criticado. Quando eu perdi dinheiro em aplicações feitas na Argentina (Argentina foi o único país do último século que não pagou seus empréstimos), todos os confrades sabiam tudo melhor: "Como é possível assumir tal risco?" O fato de antes eu ter lucrado algum dinheiro não importava mais nada. Um banqueiro me disse como consolo: "A vitória sempre tem muitos pais, a derrota somente um". Isso é o risco que corre toda pessoa que aplica dinheiro: se der errado, todos saberão tudo melhor. Então somente o investidor tem culpa. Enquanto estiver dando certo, todos se alegram com o sucesso, atribuindo-o a si mesmos. Isso também é um aspecto da liberdade interior na lide com o dinheiro. A espiritualidade quer nos conduzir a esta liberdade.

Jesus quer que aquilo que recebemos de Deus também seja vivido. Devemos ousar nossa vida. Isso vale para as amizades que fazemos. Quando queremos controlar tudo, acabamos destruindo qualquer amizade. Isso também é verdadeiro em relação aos dons que Deus nos deus. Quem somente se vangloria de seus dons ao invés de engajá-los em favor dos outros, assumindo responsabilidade pelos outros, não corresponde ao mandato de Deus. Todo dom é também uma tarefa. Mas quem se engaja, colocando sua vida e suas forças em risco, este nunca tem a certeza de que tudo dará certo. Deve viver com a confiança de que mesmo quando perder seu dinheiro, sua força ou sua vida, sua vida terá tido sentido por ter sido colocada a serviço de Deus.

2.8 Síntese das reflexões bíblicas

A Bíblia não nos dá nenhuma orientação clara sobre como podemos aplicar eticamente nosso dinheiro. Mas ela nos mostra que a lide com o dinheiro sempre é também um símbolo para nossa relação conosco mesmo e com Deus. Na correta relação com o dinheiro, se evidencia se nós estamos presos ao dinheiro, se renunciamos à riqueza e se estamos no Reino de Deus. Especialmente o Evangelho de Lucas nos mostra o compromisso social que deriva da propriedade. Por isso Lucas foi designado como o primeiro teólogo da libertação. Para ele é importante que as pessoas que conseguiram juntar dinheiro saibam lidar bem com ele, que o apliquem em favor das pessoas e que partilhem suas posses com os pobres. Isso Lucas nos mostrou concretamente por meio do exemplo da igreja primitiva. A comunidade de Jerusalém estava empobrecida, porque não havia aplicado bem o dinheiro que havia recebido. Assim ela tinha necessidade de que outras comunidades a sustentassem. Isso foi feito por estas de forma bastante generosa. A comunidade primitiva, que obviamente tinha pouca experiência com o dinheiro, podia se basear naquelas comunidades que tinham mais experiência com dinheiro. Assim se originou um intercâmbio de amor.

Lucas esboça para nós o ideal da comunidade de bens. Os primeiros cristãos tinham tudo em comum: "Vendiam suas propriedades e seus bens e distribuíam o dinheiro entre todos, conforme cada um precisava" (Atos dos Apóstolos 2,45). A renúncia à propriedade possibilitava às igrejas primitivas uma comunhão muito aberta e íntima: "A multidão dos que abraçaram a fé tinha um só coração e uma só alma; ninguém considerava como suas as coisas que possuía, mas tinham tudo em comum" (Atos dos Apóstolos 4,32). Mas, ao mesmo tempo, a comunidade experimentou que também existem tendências de não partilhar todos os bens com os outros, mas manter determinada parte para si mesmo. Isso é bem evidenciado no exemplo de Ananias e Safira (cf. Atos dos Apóstolos 5,1-11).

Os primeiros monges também imitaram o ideal da igreja primitiva em seus mosteiros. Mas também Bento fez a experiência de que o dinheiro tem uma dinâmica própria. Aparentemente no dinheiro está contido o desejo de determinar autonomamente sobre sua própria vida, de não ser dependente de outros, de ter o suficiente para si mesmo, sem necessitar dos outros. Assim, na história dos mosteiros, o dinheiro sempre implicava também a questão de saber em que medida a comunidade vivia de fato uma comunhão de bens ou se cada qual havia conquistado para si suficiente espaço livre em sua lide com o dinheiro, no qual os outros não deveriam se meter. Mosteiros que abandonavam sua espiritualidade de fato ficaram pobres. Naturalmente também existe o outro extremo. Onde o dinheiro se tornava importante demais, a espiritualidade também padecia. Por isso é uma constante exigência espiritual saber como um mosteiro se organiza e como lida com o dinheiro. Nisso não se trata somente da aplicação de dinheiro na bolsa, mas de toda a relação com as finanças e a economia.

Bento escreveu um capítulo próprio sobre a lide com o dinheiro. É o capítulo sobre os artesãos (cf. RB 57). Nisso ele vê três perigos. O primeiro consiste em que os artesãos se vangloriem de seu conhecimento corporativo e do dinheiro que podem ganhar para o mosteiro. Aqui o monge deve mostrar humildade. Ele deve se dedicar ao trabalho e não pensar sobre sua própria importância. O segundo perigo consiste no engano. Bento lembra o exemplo de Ananias e Safira narrado em Atos dos Apóstolos. Estes somente trouxeram uma parte do resultado da venda de sua propriedade, mantendo a outra parte para si. Dinheiro sempre traz consigo a tentação de reservar uma parte para si a fim de ter direitos de preferência em relação a outros, a fim de poder fazer mais coisas do que os outros. E obviamente o dinheiro retido corresponde ao sentimento de ser autônomo desta forma, não sendo dependente da comunidade. O terceiro perigo consiste na ganância. A ganância pode imiscuir-se muito facilmente na lide com o dinheiro. Quer-se ganhar sempre mais para o mosteiro, mas por fim coloca-se a si mesmo no centro. Bento reage a este perigo à medida que admoesta os monges a vender seus produtos mais barato do que os homens do mundo, portanto não buscando os preços possíveis, mas se satisfazendo com um valor menor. Desta maneira – assim afirma Bento – fica claro "que Deus é glorificado em tudo" (RB 57,9).

Poder-se-ia aplicar esta afirmação acerca da lide com o dinheiro para a aplicação do dinheiro na bolsa. Então ela significa: se eu lido de forma humilde com o dinheiro, se eu não engano e não reservo nada para mim, se eu não faço tudo o que é possível, mas conscientemente ganho menos, então Deus será nisso glorificado. Mas isso também significa para Bento que nem o trabalhar com dinheiro nem o dinheiro em si são coisa suja. Depende de como eu lido com isso. Isso também fica claro na famosa frase em que Bento admoesta o tesoureiro: "Todos os objetos e todos os pertences do mosteiro, ele deve tratar como instrumentos sagrados do altar" (RB 31,10). Também o dinheiro é algo que é confiado ao tesoureiro pelo próprio Deus. Ele deve se relacionar com o dinheiro da mesma forma cuidadosa e atenta com que lida com o instrumento sagrado do altar. Para Bento não existe separação entre profano e sagrado. Se o sentimento está de acordo com Deus, então também a lide com as coisas é sagrada.

Os 31 anos que eu trabalhei como tesoureiro me ensinaram que a lide com o dinheiro e com as finanças do mosteiro sempre me confrontava com a própria verdade: com a pergunta se também para mim o dinheiro não exercia uma fascinação e um poder grande demais, se eu internamente era livre nas questões relativas ao dinheiro, se com o dinheiro eu servia às pessoas ou se eu inflava meu ego. Eu devo me perguntar se estou ultrapassando a correta medida, da qual Bento fala em sua regra, ao aplicar o dinheiro ou se sempre eu estabeleço minha própria medida e ultrapasso a medida do razoável. Ninguém de nós estará livre de tais tendências de falta de medida, do exercício de poder do dinheiro e da fascinação do dinheiro. Mas à medida que não fugimos do dinheiro para um mundo ideal, mas lidamos com ele, nós também reconhecemos os abismos profundos de nossa alma. A luz de Jesus deve iluminar para dentro destes abismos, curando as feridas. Assim, para mim, a lide com o dinheiro é um constante desafio espiritual e um caminho de exercício espiritual.

Thomas Kohrs

3. A fé cristã e a discussão crítica acerca do dinheiro

Para muitas pessoas crentes, independentemente da orientação de fé, ainda hoje é algo monstruoso receber juros por uma aplicação de dinheiro e deixar-se pagar com juros por causa de um empréstimo. Independentemente se são cristãos, católicos ou evangélicos, ou mesmo muçulmanos, em minha vida como banqueiro sempre encontrei clientes que, por questões de fé, rejeitavam receber créditos de juros. E a rejeição em relação aos juros aumentava ainda mais quando o percentual era mais elevado. Se, no caso de uma aplicação em uma conta corrente, existe um crédito muito pequeno em termos de juros, este, em caso de dúvida, ainda é entendido como compensação pelos custos gerados na outra coluna. Se, contudo, são colocados à disposição altos rendimentos no contexto de uma aplicação em ações, então a resistência contra a aplicação de dinheiro é grande.

Em parte, esta rejeição é condicionada por questões históricas. Para a classe trabalhadora havia pagamento somente por algo para o qual se tinha de trabalhar: por um trabalho diário ou pela realização de determinada tarefa, como cortar a grama de uma área ou a realização do corte de capim para o alimento do gado. O salário existia para um determinado tempo de trabalho. Sem trabalho não havia salário. Uma pessoa não pode trabalhar sem fazer pausas. Ela necessita de descanso, a fim de refazer suas energias; necessita de tempo para comer, beber e dormir.

Diferente é com o dinheiro e os juros que se pode alcançar com ele. O dinheiro trabalha vinte e quatro horas por dia, sem descanso; também os juros existem para todo dia e para o ano todo. O dinheiro, pois, trabalha quase sem pausas, desconectado do tempo. Para muitas pessoas crentes, o tempo é algo que pertence a Deus. Se o dinheiro trabalhar sem parar, então ele furta o tempo de Deus.

3.1 A proibição canônica da cobrança de juros

As conexões em torno da proibição canônica da cobrança de juros são multifacetadas e suas influências são perceptíveis até os dias de hoje. Por isso a proibição da cobrança de juros deve ser vista dentro de seu desenvolvimento histórico. Em consequência dos constantes conflitos entre judeus e cristãos, muitas vezes se configurou a situação de que os judeus não podiam adquirir terra se não se deixassem batizar. Além disto, era proibido a proprietários de terra judeus empregar escravos cristãos. Em comparação com proprietários sem tais restrições, os judeus não eram aptos à concorrência, devendo, pois, capitular em seus empreendimentos. Portanto, os judeus se concentraram no comércio com mercadorias. No decorrer dos séculos, estes direitos passaram para as cidades, passando a haver uma especialização no comércio com o dinheiro.

A situação econômica do século XII e XIII, em consequência da "globalização parcial" do comércio da época, tornou necessária uma intensa troca, tendo o dinheiro como fundamento. O incremento do comércio com o Oriente não podia mais ser realizado por meio do tradicional escambo. O capital estava concentrado nos países do estrangeiro e nas mãos das ricas cidades comerciais da Itália. Portanto, gerou-se a pergunta por uma compensação financeira em troca de financiamento, empréstimo de dinheiro e juros. Para os cristãos, a cobrança de juros era em si proibida. Uma das passagens mais importantes do Antigo Testamento afirma: "Se emprestares dinheiro a alguém de meu povo, a um vizinho pobre, não o tratarás como credor, não exigirás dele juros" (Êxodo 22,14). Ainda assim o comércio à base de dinheiro tornou-se absolutamente necessário. Os direitos para tais negócios foram repassados aos judeus. Indesejados e excluídos de muitas ocupações, bem como do ingresso em organizações corporativas de artesãos, foi assim encontrado um grupo populacional que poderia realizar os negócios com o dinheiro. Ainda que as mesmas regras tivessem validade para os judeus, que igualmente recorriam às passagens do Antigo Testamento, foi possível encontrar uma saída. Passou-se a dizer que somente era proibido o empréstimo de dinheiro à base de juros "para o próprio povo".

Já no ano de 1179, foi concedido aos judeus, pelo Papa Alexandre III, o direito de emprestar dinheiro em troca de juros. Este direito foi expressamente ratificado no ano de 1215 por Inocêncio III, quando ele decretou a proibição da cobrança de juros para os cristãos. Naquela época se falava da proibição da cobrança de juros, que ficou conhecida como a "proibição canônica de cobrança de juros". A partir daquele momento, a cobrança de juros passou a ser considerada um pecado, e mais do que isso, ela era um delito capital comparável a outros similares.

Na época posterior, a proibição canônica da cobrança de juros não ajudou exatamente a melhorar o conceito dos judeus na Europa. A possibilidade de pedir juros em troca da entrega de dinheiro abriu um negócio muito rentável. Com sucesso no comércio e em questões de dinheiro, os judeus sempre foram dedicados aos negócios, sendo sempre invejados, expulsos e perseguidos. Para os judeus, nos séculos seguintes, a importância do comércio com dinheiro acabou diminuindo; a proibição canônica da cobrança de juros para os cristãos foi relaxada somente no início do século XX. Por isso surpreende tanto mais que muitas pessoas ainda têm escrúpulos de receber juros. Elas aparentemente têm a impressão de que com estes juros estariam tirando algo de outras pessoas. Elas não querem se enriquecer se outras pessoas devem para isso "desenriquecer".

Em si, os juros são somente uma determinada e pequena parte da compensação pela inflação. O fato de que, por exemplo, a concessão de créditos com o correspondente pagamento de juros para muitas pessoas é uma necessidade básica ficará claro por meio de outras conexões.

3.2 Microcrédito financeiro

A partir de 2006, quando Muhammad Yunus recebeu o Prêmio Nobel da Paz por sua iniciativa de conceder créditos de pequeno valor aos pobres em todo mundo, o tema do microcrédito vem sendo amplamente discutido. O banco por ele fundado, chamado de *Grameen Bank* (o que traduzido a partir do bengalês significaria algo como "banco da aldeia"), quer colocar pessoas pobres na situação de construir sua existência por meio de tal crédito. Traduzido para a situação da Europa ocidental, os valores em questão não são elevados. Chegam somente a 50 ou a 100 euros. O ponto decisivo consiste no fato de que não se dá esmolas a essas pessoas. Elas não recebem o dinheiro como doação. Elas devem ter uma ideia empreendedora. Elas devem pensar em quais produtos irão plantar; que tipo de comércio irão fazer ou que serviços querem oferecer. E elas devem pensar sobre como irão devolver o empréstimo recebido, e especialmente como irão arrecadar o dinheiro para os juros.

Justamente estes juros são bem ambiciosos, pois o *Grameen Bank* exige juros de até 20% ao ano. Mesmo que os empréstimos sejam devolvidos em períodos relativamente curtos, a taxa de juros é muito elevada. Ela beira a agiotagem. Mas o paradigma europeu não é bem adequado para avaliar a questão. Agiotas profissionais nos países em desenvolvimento exigem muitas vezes taxas de juros que são ainda mais elevadas e não se referem a um ano, mas somente a um mês! Sob este pano de fundo, os juros do *Grameen Bank* são até relativamente acessíveis.

Poder-se-ia dizer que neste programa se trata de ajuda para a autoajuda. Neste meio tempo foi desenvolvida uma série de projetos e de possibilidades de trabalho conjunto. Mesmo para aplicadores já existem fundos, nos quais eles podem participar a fim de dar suporte ao trabalho dos "microbanqueiros". Em muitos, contudo, se tem a impressão de que aqui somente se está fazendo mais um bom negócio.

A concessão de microcrédito é muito importante. Muitas pessoas dos países em desenvolvimento transformam-se em empreendedores por meio de tais créditos. As pessoas se tornam autônomas e o microcrédito fomenta o engajamento individual. Mais de 30 milhões de pessoas em todo o mundo gozam do benefício do crédito nas mais de 10 mil instituições de microfinanciamento. Contudo, segundo a ONU, a necessidade das pessoas de ter acesso a microcrédito é vinte vezes maior. A partir da perspectiva atual, trata-se de um enorme mercado. Chama a atenção que 95% dos beneficiados da *Grameen Bank* são mulheres.

Em minha opinião, o que vale ser sustentado de modo especial é o trabalho da *Oikocredit* [ecocrédito], uma organização que trabalha com o pressuposto de que pessoas pobres são perfeitamente capazes de construir uma vida melhor se tiverem a chance para isso. Procura-se ajudar as pessoas para isso, na medida em que se confia nelas e se concede empréstimos.

DICA

Também os investidores de dinheiro podem entrementes participar deste desenvolvimento, dando suporte a esta interessante iniciativa: por exemplo, por meio de sua associação junto à instituição *Oikocredit*, que custa 20 euros. A partir de um investimento de 200 euros pode-se apoiar este trabalho. Esta aplicação também é remunerada com juros, dependendo, contudo, do sucesso do empreendimento. Pelo bem do projeto apoiado, isso não deve levar a um rompimento. Por outro lado, pode-se também ajudar por meio da aquisição de certificados de microcrédito, que são emitidos com sucesso por alguns bancos. Pode-se inserir na página de busca da internet alguma palavra-chave como "microcrédito e certificado". Com isso, logo se tem acesso aos artigos e informações mais importantes. A partir de 1.000 euros o investidor pode fazer sua aplicação neste âmbito.

3.3 O dízimo

A entrega de uma parte das receitas de um cristão é mencionada em várias passagens da Bíblia, entre outras no Evangelho de Mateus (23,23): "Ai de vós, escribas e fariseus hipócritas! Pagais o dízimo da hortelã, da erva-doce e do cominho, mas desprezais os mandamentos mais importantes da Lei, como a justiça, a misericórdia e a fidelidade. Isso é que é preciso praticar, sem deixar de lado aquilo." Esta frase indica para a necessária combinação entre negócio e virtudes cristãs.

Muitas pessoas acreditam e creem que não se trata de uma oferta obrigatória exigida das pessoas, mas que se trata de um apoio mais ou menos voluntário de cristãos ou comunidades pobres. Para mim é importante apresentar esta ideia que está por trás da oferta de uma parcela dos ingressos, no contexto das discussões sobre a aplicação ética de dinheiro.

Se uma pessoa tem a possibilidade de aplicar seus bens de forma lucrativa, por que ela não deveria ofertar parte deste capital e deixar outras pessoas participarem disso. Eu naturalmente conheço os argumentos contrários. Muitas pessoas, que na Alemanha se manifestam contrárias à tributação básica de lucros de investimentos, argumentam que o capital é constituído de riquezas tributadas. Além disso, assim se argumenta, a pessoa foi individualmente corajosa, arriscou algo em termos financeiros e só assim tem receitas de lucro de capital. Por fim, tais aplicadores constatam que também não se pode deixar outras pessoas participar dos prejuízos. Estes devem, então, ser suportados somente por aquele que fez o investimento.

Tudo isso está certo, mas também é inconcebível angariar grande capital sem trabalho próprio, no qual não se deva deixar ninguém participar. A introdução do imposto sobre ganhos de capital [*Abgeltungssteuer*] na Áustria e a partir de 2009 também na Alemanha conduzirá a situação que de cada euro ganho em juros 25% será entregue na forma de impostos. A isso se acrescenta ainda (na Alemanha) o imposto de solidariedade [*Solidaritätszuschlag*] e, dependendo do estado, ainda um imposto eclesiástico de 8 a 9% sobre o imposto pago, que também é repassado diretamente dos bancos para as secretarias de finanças. Aí está novamente quase a décima parte que cabe às igrejas. Este valor não se refere ao valor total das receitas, mas "somente" ao valor que é pago ao Estado na forma de imposto.

Para os clientes muitos ricos na Alemanha, o imposto sobre ganhos de capital é vantajoso. Com base na progressão de impostos vigente no direito tributário alemão, cada euro adicional ganho deve ser tributado por um percentual tributário maior. Os ganhos de capital elevam, com isso, as receitas tributáveis, devendo por fim ser tributadas com uma alíquota de 35, 40% ou mais. No caso destas pessoas ricas, a introdução do imposto sobre ganhos de capital leva a uma redução de impostos, uma vez que estes terão sido satisfeitos com o pagamento final de 25%. Por uma questão de boa ordem, deve ser dito que o contribuinte, em uma alíquota inferior a 25%, pode conseguir de volta a diferença paga a mais no contexto da declaração de ajuste de imposto de renda. Onerados são, contudo, os cidadãos que podiam alcançar um ganho extra com a compra e a venda de ações após o decurso do período especulativo, com eventual ganho pelo aumento do valor das ações. Esta chance não existirá mais no futuro.

O próprio Estado, contudo, não observa as prescrições acerca da décima parte. Na Alemanha, somente 0,35% do produto interno bruto é gasto na forma de ajuda para o desenvolvimento. Esta percentagem deverá ser aumentada em 2010 para 0,51%, correspondendo ao objetivo fixado pela Comunidade Europeia. Isso também vale para a Áustria. A Suíça também aderiu ao objetivo. Se, contudo, levarmos em conta, por exemplo, que o montante para o pagamento de juros da dívida estatal na Alemanha alcança um valor bem mais elevado, então isso é mais do que lamentável.

3.4 O investimento em ações para cristãos

Conforme expus no início deste capítulo, no contexto da exposição sobre a proibição canônica da cobrança de juros, muitos cristãos tinham e têm certos problemas com o ganho de juros em suas aplicações financeiras. Condicionado pela educação, por meio do tipo da aplicação financeira e por meio da experiência dos pais e dos avós, as aplicações em ações são consideradas como algo que não se deveria fazer. Com crescente bem estar após a segunda guerra mundial, evidenciou-se que os acionistas tinham a chance de repentinamente ganhar muito dinheiro. Especialmente se verificou que neste âmbito se podia juntar verdadeiras fortunas, transmitindo--as por herança aos descendentes.

Havia, contudo, certo temor diante de investimentos, em parte por causa do medo de perdas, em parte por causa de desconhecimento. Assim, por exemplo, o número de possuidores de ações e de fundos de ações se torna cada vez menor na Alemanha. Após um pico no ano de 2001 com 12,1 milhões de investidores, o número decresceu visivelmente para 10,5 milhões na primeira metade do ano de 2007.

Acionistas diretos e indiretos no ano de 2007, em milhões (Fonte: Instituto Alemão de Ações, situação na primeira metade de 2007):

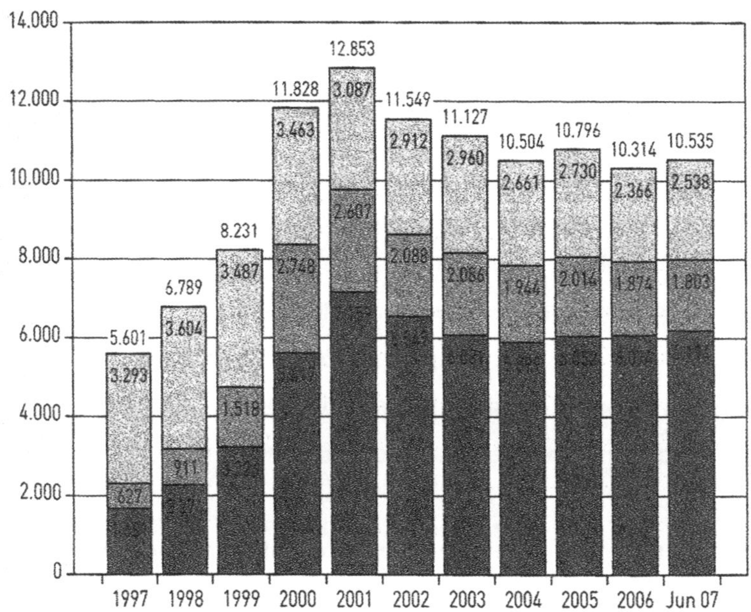

No ano de 1996, as campanhas de publicidade de uma grande empresa alemã de telecomunicações levaram inicialmente a uma grande procura por ações. Quando então não somente este mercado, mas também o assim chamado novo mercado, apresentado bem acima da real situação, entrou em crise na Alemanha e nos países vizinhos, os acionistas saíram deste segmento em grandes levas. Depois dos grandes prejuízos e dos procedimentos parcialmente fraudulentos, isso era algo perfeitamente compreensível.

Na Áustria e na Suíça, assim como nos países anglo-saxões, as pessoas foram mais cautelosas. Também aí se verificou os exageros dos novos mercados, contudo, por conta das longas experiências no investimento em ações e em fundos de ações, os aplicadores eram menos eufóricos e "permaneceram com seus pés e suas visões sobre a terra". O número de acionistas é visivelmente superior ao da Alemanha. Isso reside especialmente no fato de que ali as pessoas devem prover mais individualmente por sua previdência, necessitando, pois, de aposentadorias mais elevadas.

As vantagens de um investimento em ações serão explicitadas de forma geral em outra parte deste livro. Fundamentalmente acho acertado que justamente cristãos participem do mercado de ações, e de forma tão decisiva que venham a ter influência sobre ele. Os cristãos não deveriam ser acionistas passivos, mas deveriam pelo menos tentar influenciar as decisões das empresas. Os acionistas são os proprietários e mesmo o executivo da diretoria mais bem pago é somente um funcionário. "Propriedade gera responsabilidade" – isso vale também e especialmente para proprietários de ações responsáveis.

Na medida em que se coloca dinheiro à disposição de uma empresa, pode-se ter direta ou indiretamente influência sobre a referida empresa. Somente à medida que houver suficientes aplicadores financeiros, a empresa terá dinheiro para fazer investimentos, comprar máquinas e, não por último, também gerar postos de trabalho. O cristão pode obviamente decidir em qual empresa ele quer investir seu dinheiro! Ele pode se decidir em favor de um fabricante de automóveis, de um conglomerado da indústria farmacêutica ou tecnológica ou de uma firma que produz células de energia solar. Há também empresas, por exemplo, que desenvolvem sementes especiais para a zona do Sahel ou que fazem instalações de dessalinização, que constroem equipamentos de energia eólica ou que organizam empresas de reciclagem. Como cristão, eu posso organizar diretamente, tanto no pequeno quanto no grande: por um lado, por meio de uma vida em efetivo amor ao próximo, a qual está marcada pelo trabalho na comunidade. Por outro lado, também quando pergunto como o capital que uma pessoa necessita para a aposentadoria pode ser aplicado segundo um valor mais elevado.

O investidor não deveria trabalhar contra os projetos que ele como auxiliar-voluntário nas Casas do Terceiro Mundo ou na Iniciativa em favor da África ajuda a construir. Que sentido teria se num final de semana eu buscasse dar minha contribuição para um mundo melhor, em favor do "mundo uno", e no dia seguinte tentasse, por todos os meios (inescrupulosos) e ações, maximizar o lucro individual na bolsa de valores?

3.5 Um mundo melhor sem juros?

Neste contexto devo mencionar que existe uma série de iniciativas, que veem no pagamento de juros o fundamento de todo o mal no mundo. As raízes de todos os problemas do mundo residiriam unicamente no desejo pela maximização dos lucros, pelos juros de crédito, pelo endividamento excessivo das pessoas e da economia como um todo. Além disso, se estabelece uma ligação entre juros e inflação, tirando-se, então, a seguinte conclusão: sem juros não há inflação e sem inflação não há crise econômica, sem crise econômica não há desemprego e não empobrecimento das massas populares.

A doutrina de um mundo sem juros remonta entre outros a Johann S. Gesell, que viveu de 1862 a 1930. Na doutrina da economia livre [*Freiwirtschaftslehre*] por ele fundada, a partir de suas experiências de vários anos de vida na Argentina, ele buscou desenvolver uma teoria para a construção de um mundo mais justo. Ele defendia a perspectiva de que a terra pertence a todos de igual modo, sem diferenças de raça, classe, riqueza e religião. Também a capacidade de produção de cada indivíduo seria insignificante; os limites territoriais, igualmente. A partir da perspectiva atual, Gesell seria classificado como visionário social.

Com suas teorias sobre o assim chamado dinheiro livre controlado pelo Estado, ele queria impedir que o dinheiro acumulado se tornasse especialmente valioso para o credor e que, em seu "empréstimo", portanto no ato de conceder um crédito a outra pessoa, ele pudesse vir a ganhar uma taxa de juro mais elevada. Se com o auxílio do dinheiro livre cada um pudesse dispor de tanto meios quantos necessários, então a vantagem para o credor seria pequena ou talvez nem existisse. A taxa de juros cairia para perto de zero. Gesell reconheceu corretamente que uma velocidade constante na circulação do dinheiro pode ser uma garantia para uma economia livre de crises. Ele percebeu que esta velocidade constante na circulação do dinheiro estava comprometida e que o dinheiro não servia somente como meio de troca, mas também como meio de acumulação. E isso justamente porque havia ainda um lastro em ouro, o qual ele sugeria extinguir. Anos mais tarde, isso foi visto de forma totalmente diferente quando, com o sistema de Bretton Woods, foi introduzido o lastreamento em ouro. Entrementes já se percebeu em todo lugar que não se pode manter esta forma de ação. Nesta medida, a teoria de Gesell logrou obter sucesso, ainda que somente muitos anos após sua morte.

Não é só por isso que as teorias do autodidata Gesell são notáveis. Mas não se deveria assumi-las acriticamente, especialmente quando se trata da questão de atribuir ao Estado ou a uma instituição estatal o direcionamento da circulação do dinheiro. Apesar de todas as tentativas, não foi possível aos bancos estatais no passado abolir as leis do mercado e evitar as consequências negativas, bem como as fortes margens de oscilação da velocidade de circulação do dinheiro. Isso também reside no fato de que as conexões das influências são multifacetárias. Não há somente uma causa e uma consequência. Se você mexer numa engrenagem, então se movimentam muitas outras, evidenciando efeitos em muitos e diferentes lugares. Um exemplo disso se pôde observar no início do ano de 2008 na Europa. Em consequência da crise financeira, os bancos centrais haviam injetado bilhões de euros no mercado. Assim, eles salvaram a capacidade de pagamento e de crédito dos bancos. Este é necessário para o bom nome e a reputação das empresas. A este enorme fluxo de dinheiro, contudo, não havia uma adequada contraposição de bens e serviços. A consequência era clara: a inflação voltou e os juros subiram (cf. a comparação do fluxo de Fisher). Estas consequências, contudo, só tiveram efeito com certo retardo, mas elas não podiam deixar de serem percebidas. Isso é um exemplo típico para o fato de que as interligações em termos de efeitos não são facilmente controláveis. Isso coloca limites estreitos para as possibilidades de intervenção de uma organização estatal.

Outro nome que sempre é mencionado no contexto de um mundo melhor sem juros é o de Margrit Kennedy. A arquiteta, ecologista e escritora nascida em Chemnitz, no ano de 1939, dedicou-se em suas obras especialmente à possibilidade de construir moedas regionais complementares. Isso somente pode significar: retorno à antiga economia de troca. Aqui o dinheiro deveria perder sua função de meio de pagamento. Os participantes de um mercado regional deveriam poder introduzir suas habilidades individuais, lucrando mutuamente com isso. Assim, contudo, voltaríamos novamente aos tempos do comércio de troca com seus velhos problemas. Isso pode funcionar perfeitamente em um mercado regional e em parte já foi realizado com sucesso. Não entendo como possível a concretização destas ideias em âmbito internacional. Para isso, os interesses dos participantes do mercado são por demais multifacetários.

A partir do problema do endividamento das grandes economias e das grandes assimetrias sociais dos países de desenvolvimento resulta a necessidade social de se desenvolver outra e melhor forma de economia. Com base no fato de que aos poucos ricos pertence quase tudo, haverá de surgir guerras futuras e um desequilíbrio social muito forte conduzirá a conflitos sempre maiores.

Como cristão, eu me preocupo com a falta de simetria social neste mundo; como pai, eu me preocupo como meus filhos e os filhos deles alguma vez poderão pagar as dívidas do Estado. Como economista, eu elaboro reflexões sobre como se pode trabalhar no futuro a fim de construir um mundo mais justo, e como pessoa racional, eu me preocupo com o modo como os erros passados podem ser corrigidos.

Os modelos econômicos de Gesell e Kennedy podem até funcionar a partir de seus pressupostos teóricos. Mas de que modo ações corretivas, seja de que ordem forem, podem efetivamente interferir na prática? Como haveremos de superar os desenvolvimentos errôneos? Infelizmente, as coisas não são tão simples como num jogo de monopólio, no qual com uma cartada se pode voltar à estaca zero a fim de poder começar de novo. Além disso, as pessoas são muito diferentes entre si, em suas formas de pensar e em seu modo de agir. Há aquelas pessoas que fazem renúncias e economizam, guardam dinheiro e são antes cautelosas. Outras pessoas vivem somente no hoje e agora, gastando tudo o que cair em suas mãos.

As seguintes reflexões me fazem ter dúvidas acerca das teorias. O homem como ser fixado em vantagens somente emprestará seu dinheiro se enxergar nisso alguma vantagem, obtendo, portanto, juros. Se os juros são muito baixos, ele não emprestará seu dinheiro, mas procurará adquirir bens o mais rápido possível. Com isso, contudo, aumentaria a inflação, o que deveria desencadear uma intervenção do Estado, no sentido de diminuir o dinheiro em circulação. Um bem escasso, todavia, fica mais caro, levando ao aumento da taxa de juros. Como no sistema de Gesell, a taxa de juros deveria estar próxima de zero, o Estado imediatamente deveria injetar dinheiro livre no sistema, a fim de aniquilar a vantagem para os credores.

Somente isso já me parece ser muito questionável. Eu temo que nenhuma instituição do mundo conseguiria reagir tão rapidamente a fim de regular as extrapolações do mercado. Por outro lado, as pessoas rapidamente procurariam uma moeda alternativa, uma vez que não confiariam mais naquele dinheiro, de forma que, ao final, ninguém mais colocaria mercadorias à disposição em troca daquela moeda.

Além disso, eu gostaria de inserir nesta reflexão as possíveis diferentes formas de comportamento do ser humano, as quais desempenham papel importante em qualquer sistema social, exemplificando a questão no seguinte exemplo – obviamente bastante fictício. Suponhamos que todas as pessoas sejam iguais e que nenhuma tenha mais patrimônio. Estão nuas e não têm mais nada. Por outro lado, existe um número ilimitado de bens. Com o dinheiro, pode-se comprar tudo o que se deseja. Todo bem e todo serviço têm seu preço. É quase como no mundo da fantasia. Como todas as pessoas são iguais, devendo todas ter a mesma quantidade, entregar-se-á a cada pessoa 1.000 unidades de dinheiro para serem gastos livremente com qualquer bem que se queira ter. Há naturalmente bens que são mais caros e aqueles que são mais baratos. Há bens que custam mais de 1.000 unidades de dinheiro e outros que custam menos. Ficará a critério de cada indivíduo fazer ou deixar de fazer com o dinheiro o que gostaria. Eu suponho que após alguns dias haverá muitas pessoas que não possuirão mais nenhum dinheiro, porque gastaram tudo com comida, bebida, boa vestimenta ou outras coisas. E talvez até já houvesse pessoas que já passaram da loucura do consumo, tendo literalmente dilapidado todo o dinheiro.

Por outro lado, haverá pessoas que se comportarão de forma modesta. Elas continurão a andar nuas ou estão modestamente vestidas. Em contrapartida, elas ainda dispõem de dinheiro ou o emprestaram a outras pessoas que necessitam de mais dinheiro do que inicialmente tinham a sua disposição. Elas, contudo, somente farão isso se em troca receberem algum tipo de vantagem. Mesmo que não haja juros, elas procurarão valorizar seu dinheiro, seja lá de que forma for: talvez por meio de outras mercadorias ou por meio de um serviço.

Após algumas semanas, haverá algumas pessoas que visivelmente terão mais dinheiro do que outras, enquanto que a grande maioria não possuirá mais dinheiro algum. E haverá também uma série de pessoas que terá dívidas junto aos outros. Ou essas pessoas deverão pagar as dívidas por meio de prestação de serviços ou elas deverão produzir alguma coisa que possam dar aos outros.

Já, após pouco tempo, teremos novamente a situação de um desequilíbrio social. Como isso pode, então, ser corrigido? Quem intervém e tira o patrimônio maior daqueles que se mostraram humildes e parcimoniosos e quem perdoa as dívidas aos outros?

Em teorias de economia de mercado, independente da orientação ideológica, geralmente se deixa de fora um fator decisivo: o fator ser humano. O ser humano não é sempre um *homo oeconomicus*, que age de forma unicamente racional. Ele toma suas decisões não unicamente com base nas informações existentes e não somente quer maximizar o uso pessoal. A partir de uma perspectiva lógica, isso sempre é evidenciado como resultados "falhos" no desenvolvimento econômico. Ao lado do fator racional, há muitas influências psicológicas e para muitas pessoas seu "sentimento das entranhas" é tão importante quanto os argumentos racionais. Por isso as pessoas também realizam coisas que nem sempre são (imediatamente) compreensíveis.

Na economia de mercado livre, cada um – tanto faz se a partir do sentimento das entranhas ou a partir de argumentos racionais – pode tomar suas decisões e "ser feliz" segundo suas próprias concepções. Nós temos este espaço de liberdade. Simultaneamente, contudo, também se pode fazer críticas à situação reinante. Numa forma econômica baseada puramente nas forças do mercado geralmente há poucos ganhadores, mas, na maioria das vezes, muitos perdedores. Aqui se critica especialmente o efeito dos juros, uma vez que os juros recebidos novamente são remunerados com juros. Assim, por um lado, o capital investido pode se multiplicar, mas, por outro lado, numa espécie de "círculo diabólico", podem surgir dívidas cada vez maiores.

3.6 O efeito do juro sobre juro (juro composto)

O dinheiro trabalha dia e noite, sem que o dono do capital contribua de alguma forma para isso; ele não mexe um dedo sequer para que este resultado aconteça. Em alguns exemplos, pode-se mostrar muito bem as consequências do juro composto. Suponhamos que, por ocasião do nascimento de Jesus, nós tivéssemos investido um centavo, portanto a menor unidade monetária, e nos tivesse sido assegurado que por todo o tempo restante receberíamos uma taxa de juros de 2% ao ano, independentemente de quanto tempo durasse a aplicação. No início, isso seria uma aplicação relativamente entediante. Levaria 230 anos até que a menor unidade [o centavo] se transformasse numa unidade inteira. Porém, isso seria cem vezes mais do que o valor inicialmente aplicado. Depois de mais 270 anos, teríamos aplicado o dinheiro por 500 anos, tendo a aplicação original se transformado em 196 unidades monetárias. A partir daí, a coisa se desenvolve rapidamente. Depois de mais de 500 anos, completando o primeiro milênio de aplicação, já se teria 3,9 milhões de unidades monetárias na conta. A fronteira do bilhão estaria sendo ultrapassada no ano 1280; o trilhão, no ano 1628. A próxima fronteira, a do quatrilhão, seria ultrapassada no ano 1977. Trata-se de uma soma inimaginável: é o número 1 (um) seguido de quinze zeros. No todo, no ano de 2008, ter-se-ia alcançado a soma gigantesca de 1,8 quatrilhões. Pode-se facilmente fazer comparações com muitas dívidas neste mundo. Agora, contudo, vem a consequência decisiva: se a taxa de juros fosse somente a metade, portanto 1% ao ano, o resultado não seria somente a metade, mas comparativamente haveria "somente" 4,75 milhões de unidades monetárias. Isso é a consequência do juro composto. Para muitas pessoas, isso tem consequências aterrorizantes e eu já ouvi investidores chamar este cálculo de juro de Judas.

Exemplo para o efeito do juro composto
Aplicação de 0,01 unidades monetárias

	Remuneração anual de 1 por cento	Remuneração anual de 2 por cento
Ano 0	0,01	0,01
Ano 500	1,45	199,57
Ano 1000	209,59	3.982.646,52
Ano 1500	30.343,15	79.479.960.550,23
Ano 1750	356.093,52	11.227.952.931.179,90
Ano 1990	1.624.090,35	218.940.622.041.915,00
Ano 2008	4.756.840,13	1.858.424.396.038.560,00

Naturalmente, como investidor, a pessoa pode fazer uso deste efeito em períodos normais. Para isso seguem mais dois exemplos. Suponhamos que, como jovem investidor(a), você tenha começado a aplicar o valor de 100 euros mensalmente num fundo de ações. Ao todo você investiu um total de 42.000 euros. Este se desenvolveu relativamente bem, gerando um rendimento anual médio de 12%. O que você acha que resultou desta aplicação? Será que a aplicação duplicou ou até triplicou? Ledo engano! Transformou-se num valor muito maior. No resultado geral, há uma soma incrível de inacreditáveis 595.000 euros.

Outra suposição: há 20 anos você ganhou uma herança e pôde aplicar o equivalente a 100.000 euros no mesmo fundo de ações. Como é bom poder desfrutar de algo de tempos em tempos, você fez uma saque mensal de 500 euros do capital. Também aqui estamos supondo uma remuneração de 12% ao ano. Quanto restou do capital depois de 20 anos? Não se esqueça de que você já retirou 120.000 euros do capital investido, portanto mais do que inicialmente investido. Quanto sobrou? Será que são 20.000 ou talvez até 30.000 euros? No resultado final há ainda a soma de 333.000 euros.

Deve-se observar que isso naturalmente são apenas exemplos e que os números se referem ao passado, não podendo ser supostos para o futuro. Ainda assim não são suposições fictícias. Os resultados podem ser deduzidos empiricamente dos dados do fundo. Se um investidor tivesse tomado esta decisão naquele tempo, hoje ele poderia dispor de todo o valor mencionado. Pode-se perceber que esta forma de poupança tem significado decisivo para pessoas jovens ou crianças. E também para a própria velhice não se poderia fazer um investimento melhor. Obviamente estes exemplos têm somente natureza teórica. O desenvolvimento passado não pode simplesmente ser projetado para os anos vindouros. Há também fatores importantes que não dependem de teorias, mas que se baseiam claramente em fatos.

Thomas Kohrs

4. Os princípios básicos para a aplicação de dinheiro

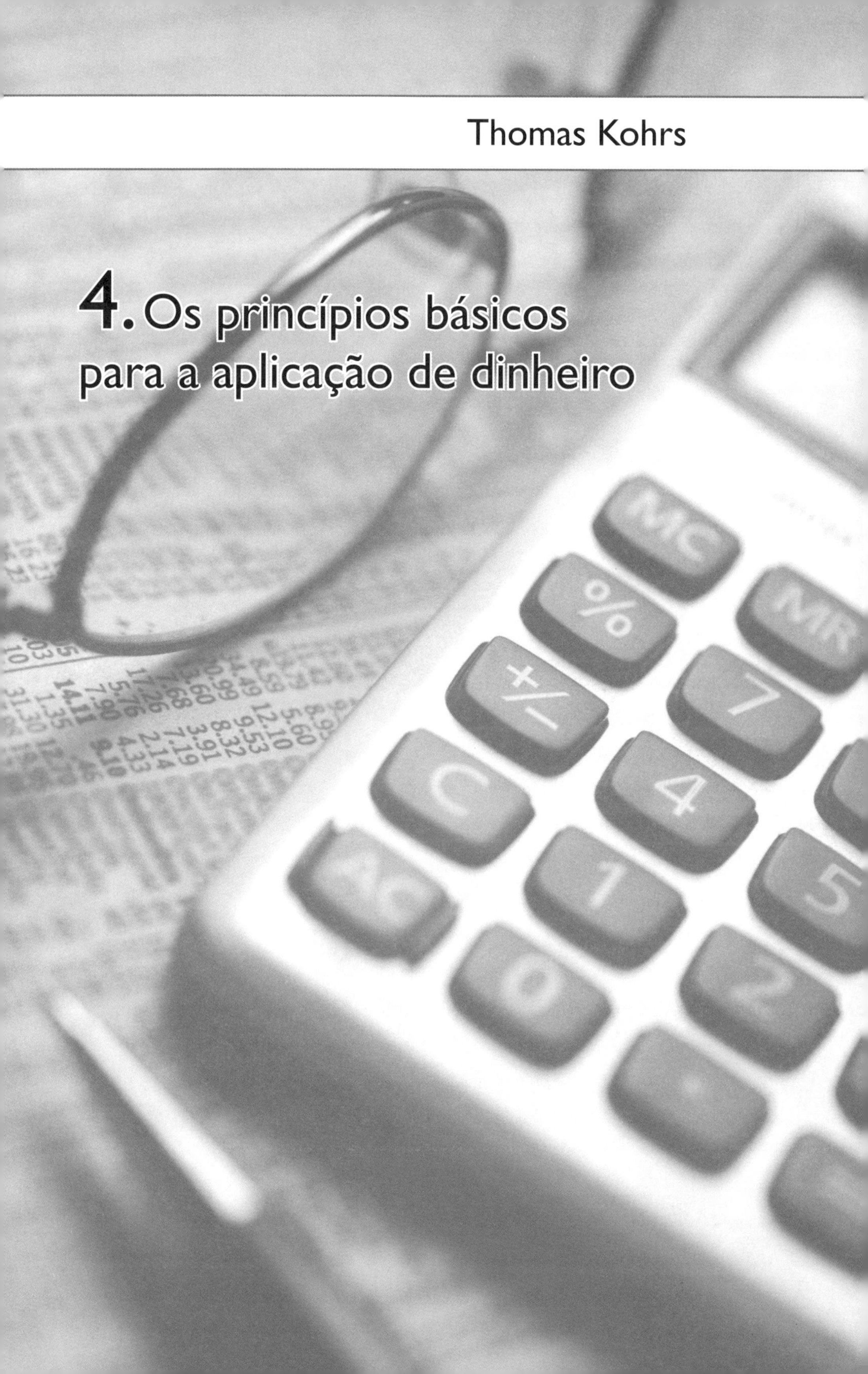

Neste capítulo serão apresentados os princípios básicos gerais para a aplicação de dinheiro. São reflexões que cada pessoa deveria fazer antes de conversar com o consultor financeiro. Com isso, a pessoa economiza para si e para o banco um monte de tempo e, ao final, também decepção e raiva.

4.1 O triângulo mágico

Basicamente só existem três parâmetros que influenciam a decisão quanto ao tipo de aplicação por parte do aplicador; isso se deixarmos de lado os princípios éticos a serem apresentados mais adiante. São eles: os rendimentos, a segurança e a liquidez da aplicação. Estas três condições estão resumidas no assim chamado triângulo mágico da aplicação de dinheiro. É o fundamento de toda conversa sobre aplicação e não deveria faltar em nenhuma entrevista:

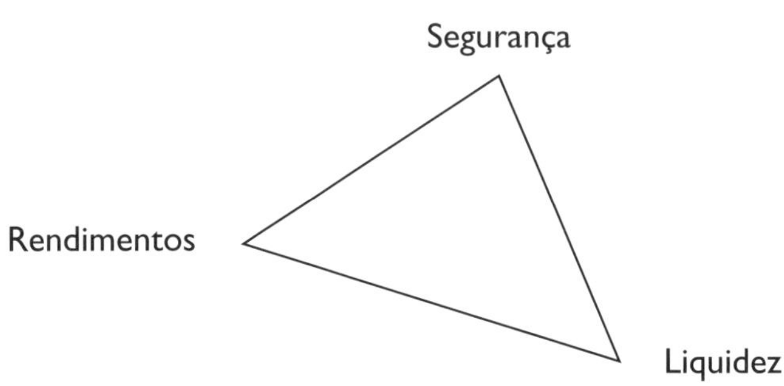

Como cliente, você deve ter clareza sobre o que de fato quer. Nisso se deve observar que estes três âmbitos parcialmente se excluem mutuamente. São objetivos que não podem ser perseguidos e realizados em conjunto e na mesma intensidade. Os rendimentos indicam quanto de fato sobrará para o cliente ao final do tempo de aplicação. Um rendimento elevado não será perseguido somente se o risco for pequeno. Pelo contrário: um rendimento maior é em regra o resultado de um risco mais elevado, o qual o investidor deve estar disposto a correr.

Exemplo

Tomemos como ponto de partida duas aplicações distintas, que serão comparadas entre si:

1 Empréstimo da República Federativa da Alemanha; tempo de duração 4 anos; juros nominais de 3,5% ao ano; índice de 98; rendimento de aproximadamente 3,9%.

2 Aplicação na Ucrânia; tempo de duração de 4 anos; juros nominais de 5%; índice de 96; rendimento de aproximadamente 6%.

Se o cliente adquire uma aplicação da República Federal da Alemanha, dando ao Estado, portanto, um pouco de dinheiro, então o rendimento em geral será menor do que um empréstimo para a Ucrânia ou para a Rússia. O mercado calcula simplesmente que a chance de o pagamento dos juros de fato a ser feito por estes é menor do que no caso da República Federal da Alemanha. Isso determina também o risco de, ao final do tempo da aplicação, o investidor receber seu dinheiro de volta. Esta chance menor é recompensada por uma espécie de prêmio de risco; busca-se apetecer o aplicador a investir em uma aplicação financeira de maior risco. Neste caso, porém, a segurança na segunda aplicação é menor do que na primeira. Além disso, em caso de dúvida, o cliente não poderá acessar seu dinheiro com tanta facilidade. A liquidez, isto é, a rápida possibilidade de ter acesso ao dinheiro, não poderá ser atendida em todas as modalidades. Se o cliente quiser vender a aplicação, ele dificilmente encontrará um comprador ou, então, deverá baixar bastante o preço.

Em geral, é assim que o dinheiro que está depositado nas chamadas contas correntes (melhor seria chamar de conta de giro) não é remunerado com juros. Mesmo que nos últimos anos as contas diárias sejam cada vez mais preferidas, a remuneração com juros, em geral, não é tão elevada como no caso de outras contas, como, por exemplo, as contas de renda fixa com determinado tempo de duração ou, então, determinadas contas de poupança. Mesmo os tipos de conta mais avançados dos bancos da Europa, no que tange ao valor dos juros, decaíram novamente para um valor médio. No momento, somente por ocasião de promoções especiais do banco, o cliente recebe uma taxa de juros considerável.

De forma resumida, podemos dizer o seguinte: quem recebe um rendimento elevado, em geral, está longe da segurança de uma aplicação. Em geral, também não se pode falar de uma liquidez imediata. Mas mesmo que a pessoa aplique o dinheiro de maneira bastante segura, não consegue ter acesso fácil a seu dinheiro. Talvez o tempo da aplicação esteja determinado, ou, então, mesmo para um empréstimo com taxa de juros bem segura nem sempre se consegue logo um comprador adequado, o qual esteja em condições de pagar um preço bom. O juro prometido ou o rendimento tende a ficar aquém do esperado. O mesmo fenômeno acontece com quem quer ter acesso imediato a seu dinheiro. Os rendimentos podem até ser menores, mas, dependendo do banco, a pessoa pode estar relativamente segura de que o crédito ficará mantido e que receberá o seu juros.

Dica

Você pode observar se seu banco é membro de um fundo de seguridade de aplicação. A regulamentação legal para a seguridade de aplicações, como aplicações de renda fixa, créditos de poupança ou créditos de contas correntes, prevê somente o valor máximo de 20.000 euros. Para muitos investidores poderia haver surpresas desagradáveis no caso de inadimplência de um banco. Por exemplo, o *Volksbank* [Banco do Povo], o *Raiffensenbank* [Banco dos Ferroviários] e as Caixas Econômicas na Alemanha, em geral, são membros do fundo de seguridade de suas respectivas associações. Aí o cliente pode estar relativamente seguro de novamente poder acessar o dinheirinho que poupou. Os bancos privados, em geral, são associados de fundos de segurança de bancos alemães, mas não precisam sê-lo. Aqui o valor do depósito obrigatório dos bancos é calculado segundo o valor do capital próprio indicado como valor de garantia. Exemplo: o capital próprio de garantia é de 10 milhões de euro; desse total, 30%, isto é, 3 milhões de euros, correspondem ao valor dado como garantia, e isso por cliente!

4.2 A complexidade do risco

A pergunta pelo risco ou pela disposição de assumir risco não é uma pergunta genérica, mas uma questão estritamente individual. Um risco significa uma ousadia e descreve a possibilidade de perda no caso de um empreendimento inseguro. A possibilidade de perda pode ser de todo tipo: tempo, dinheiro, saúde e até a vida. A disposição de assumir um risco varia de pessoa para pessoa. Uma das minhas clientes mais antigas e, além disso, uma das mais ricas investiu quase todo o dinheiro dela em ações; seu marido já nos anos de 1960 havia investido todo seu dinheiro no mercado de ações. Com isso, com o tempo, foi se juntando um patrimônio considerável e aquela senhora podia viver bem somente a partir dos dividendos dos investimentos. Para ela, não houve um risco especial; mesmo flutuações no curso das ações não lhe tiravam o sossego.

Outras pessoas, pelo contrário, já ficam nervosas só de ouvir que em alguma parte do mundo acontecem coisas que pode interferir no valor das ações. Todo dia acontecem coisas que influenciam no valor das ações. A pergunta é se tomamos conhecimento de tudo isso. Um risco somente deveria ser assumido se a pessoa tiver o dinheiro sobrando e se, no caso de dúvida, pode dele prescindir. Se não se consegue mais dormir à noite porque as ações parecem estar numa montanha russa, então algo não está certo no conceito geral da aplicação financeira.

Muitas pessoas apostam na loteria ou participam de outros jogos onerosos embora tenham quase certeza de que nada irão ganhar. Na Alemanha, é maior a chance de ser atingido por um raio do que acertar a sena da loteria.

Antes da conversa com o consultor financeiro de um banco ou de uma agência de financiamento, a pessoa deve ter clareza sobre qual risco está disposta a assumir. A avaliação positiva de um fundo por meio de um vizinho não significa necessariamente que esta aplicação é adequada para si mesmo. Assim como o vizinho está organizado de forma diferente, tem outro emprego, ouve outro tipo de música ou gosta de determinado lugar de férias, assim ele também pode ter suas preferências por determinado tipo de aplicações financeiras e estar satisfeito com isso.

Você pode não estar satisfeito com determinada aplicação, não estando contente com ela ou talvez você não esteja de acordo com as flutuações dos valores das ações ou, então, o risco é simplesmente elevado demais para você. Pois a disposição de assumir determinado risco é sempre uma questão individual, em cuja decisão a pessoa não deve se deixar guiar por outros. Você deve se permitir ter sua própria opinião, tendo seu próprio modo de proceder. E não se deixe iludir por algum rendimento elevado, pois como já foi dito: um rendimento mais alto, nas diversas classes de aplicações, sempre vem acompanhado por um risco maior.

> **Dica**
>
> Especialmente você não deve dar muita importância para as conversas sobre sucessos em aplicações de ações feitas em rodas de cerveja. Assim como no caso de conversa de pescador, os rendimentos costumam ser aumentados, tendendo-se a diminuir o valor dos prejuízos.

4.3 O que significa segurança?

No triângulo mágico da aplicação financeira, já explicado acima, o conceito de segurança desempenha um papel importante. Naturalmente, cada pessoa quer estar relativamente segura de que determinado desenvolvimento aconteça ou deixe de acontecer. Algo é realmente seguro se a probabilidade absoluta (cem por cento) da realização de uma previsão ou do acontecimento de um evento pode ser realmente verificada. Para muitas pessoas, segurança é algo muito importante. Isso é compreensível e, em princípio, também é correto. Assim que as pessoas acreditarem que têm somente determinado tempo de vida, todo o restante é subordinado a este desejo. Neste caso, segurança é equiparada com curta duração, portanto com um determinado tempo, do qual se crê ainda poder experimentar.

Quase toda pessoa sabe, contudo, que, em geral, as coisas acontecem de modo diferente e distinto de como se planeja. Realmente segura para toda existência terrena é somente a finitude. Uma experiência que eu mesmo fiz em muitas conversas de consultoria com pessoas com idade avançada é que elas constatam em geral: "Eu não quero me comprometer mais por tanto tempo; eu nem vou viver mais tanto tempo". Isso é impressionante sob determinado ponto de vista. Se os rendimentos geralmente são subordinados a toda outra premissa, então aplicações com tempo de duração maior são rejeitadas justamente por este motivo. Isso, contudo, simultaneamente sugere que as aplicações atinjam seu fim também com a morte do aplicador. Mas, na maioria dos casos, é assim que justamente as aplicações de longa duração apresentam os melhores frutos para os familiares. Isso justamente porque estes, após o falecimento do investidor, não têm interesse em lidar com o dinheiro na medida em que não precisam pagar as contas.

Uma estratégia racional na aplicação de dinheiro por longo tempo evidencia-se como segura e não é questionada nem pela morte do aplicador. Naturalmente, esta aplicação deve ser adequada e dirigida às necessidades individuais dos herdeiros. Os herdeiros certamente têm interesse em que seu capital seja bem remunerado com juros. A imediata liquidez de todo o patrimônio do ente querido não é necessária. Uma parte, contudo, deveria estar disponível para o pagamento das contas necessárias. As participações em fundos podem ser divididas da mesma forma que valores nominais de títulos de valores remunerados com juros fixos ou as parcelas de ações.

Dica

Para o "caso dos casos", justamente em se tratando de pessoas idosas, deveria haver um valor disponível em alguma conta, o qual possa ser acessado imediatamente. Isso não vale somente para o "último caminho", mas para o caso de enfermidade ou acidente. Isso, porém, não significa que devam estar à disposição milhares de reais, simplesmente parados em conta corrente sem remuneração de juros. Em geral, costuma-se recomendar manter à disposição o equivalente a três vezes o valor do salário mensal.

Contudo, mais importante ainda é passar uma procuração a parentes próximos ou a pessoas amigas a fim de que estes possam ter acesso ao dinheiro. Na falta de uma procuração, há o perigo de o banco recusar o acesso à conta.

Por mais que as pessoas procurem segurança, esta na verdade não pode ser concedida em uma aplicação financeira. Em geral, os investidores entendem como segurança o fato da aplicação não perder em valor. Nisso, contudo, costumam olhar somente para o desenvolvimento de curto prazo. Enquanto aplicações de renda fixa e aplicações em poupança costumam resultar em rendimentos mais modestos entre 2 e 4%, aplicações em ações podem por vezes resultar em rendimentos de duas casas decimais. Naturalmente, as ações flutuam bastante e podem, por vezes, perder valor. Quando observarmos investimentos de longo prazo, as aplicações usuais em dinheiro costumam perder valor por conta da inflação, enquanto aplicações em ações alcançam um valor superior à inflação, aumentando, pois, o poder de compra. Com relação ao valor da aplicação, isso lança uma luz totalmente nova sobre a questão da segurança.

4.4 Os rendimentos de mercado

A concorrência entre os bancos para obter a fidelidade dos clientes aumentou muito nos últimos anos. Os institutos de créditos se superam entre si na oferta de juros maiores e contas mais favoráveis. Há várias possibilidades de brindes: conta corrente sem custo, bônus em gasolina, pequenos créditos na conta, pequenas barras de ouro. Parece ser assim que um presente nunca é grande demais para um banco ter novos clientes. Naturalmente, há clientes que atraem outros clientes, mas há quem hoje em dia se deixa atrair ao banco por conta de um brinde na forma de uma sanduicheira ou uma cafeteira.

Nisso coloca-se a pergunta como os bancos financiam suas campanhas publicitárias. Se para cada novo cliente há um depósito em forma de brinde no valor de 75 euros (oferta de um banco alemão em março de 2008), então, para o banco, isso primeiramente significa um investimento. Afinal, o dinheiro deve sair de algum lugar. O mercado de clientes de bancos está bem distribuído na Alemanha. Toda pessoa que tem um pouco de reservas dispõe em geral de uma conta bancária. Quase não há outra possibilidade de levar seu dinheiro ao banco. A consequência, portanto, é que os bancos tentam tirar os clientes uns dos outros. Isso é feito por todos os meios possíveis, custe – quase – o que custar.

No entanto, convém olhar com atenção para as ofertas dos diferentes bancos: se o banco central coloca o dinheiro à disposição dos bancos por 4,2% ao ano, por que os bancos deveriam pagar 4,5, 5 ou até 6% ao ano para os clientes? Em todo caso, o dinheiro é o mesmo, nem melhor, nem pior, nem mais rápido, nem mais demorado, nem mais limpo, nem mais sujo. Dinheiro é uma mercadoria comum e intercambiável. Deve, portanto, haver outros motivos que perfazem as diferenças.

E estes muitas vezes estão escondidos, figurando nas letras miúdas dos documentos. Por isso o cliente deve prestar muita atenção para, ao final, não acabar pagando "custos de aprendizagem".

Você deve prestar atenção especialmente para o período de tempo pelo qual os juros são pagos. A informação em geral diz que os juros são pagos ao ano, portanto "p.a."; mas você não sabe se os juros de fato são pagos por um ano. Muitas vezes, os juros especiais referem-se somente a alguns meses. Ao final, a taxa de juros simplesmente é diminuída, sem que haja a devida informação ao cliente.

Uma das palavras mágicas usuais afirma: *cross selling*, o que traduzido de forma livre significaria algo como "venda cruzada". Com isso, os bancos designam um processo de oferecer ou vender aos clientes outros produtos a fim de, com o valor maior assim arrecadado, poder pagar os juros superiores à taxa do mercado. No fundo, isso não é diferente da prática de supermercados de, por meio de ofertas especiais em produtos de limpeza ou bebidas, atrair clientes para seu estabelecimento. Com isso se alimenta a esperança de que, além de comprar as ofertas especiais, o cliente acabe por colocar no carrinho outros produtos que justamente não são tão baratos.

Outro meio muito apreciado são negócios combinados entre si. O cliente, por exemplo, faz uma aplicação de 10.000 euros. Inicialmente, ele coloca a metade do valor (5.000 euros) em aplicação de renda fixa, recebendo por isso 6% ao ano, contudo somente por seis meses, recebendo, portanto, 150 euros. Depois disso, o dinheiro é remunerado com a taxa de juros usual, da qual o cliente, em geral, não tem conhecimento. A outra metade deve ser aplicada em um fundo de ações, consistindo, em geral, de um produto do próprio banco. Para este, contudo, deve-se pagar logo um valor na casa de 5% sobre o valor total da aplicação de 5.000 euros, portanto, um valor de 250 euros. Este lucro, então, acaba por subvencionar juros mais elevados.

O cliente também deve prestar atenção quando fechar negócios em bancos que somente estão presentes na internet ou que têm poucas agências filiais. A palavra mágica aqui é "seguridade dos depósitos" e corresponde ao tema da segurança. Muitos clientes não se preocupam com o que acontece com seus depósitos, no caso de acontecer algo com o banco, como, por exemplo, falência. Mesmo na Alemanha isso tem acontecido nos últimos anos. Depois da falência do Banco de Herstatt, no ano de 1974, muitas coisas ficaram diferentes.

Na Alemanha, o Banco Popular e o Banco dos Ferroviários, assim como as Caixas Econômicas, estão integrados em federações de seguridade constituídas pelos próprios bancos. Os bancos se garantem mutuamente e os clientes podem estar seguros de que receberão novamente seus depósitos. Muitos bancos privados estão inseridos no fundo de depósitos dos bancos alemães. Também aqui os bancos se garantem mutuamente. O depósito corresponde a 30% do capital social do banco, e isso por cliente. Em geral, isso corresponde a milhões de euros.

Bem diferente é a legislação europeia: o valor a ser depositado corresponde somente a 20.000 euros por cliente e sobre isso há ainda uma retenção de 10% sob a rubrica de participação própria. Se o cliente aplicar, por exemplo, 30.000 euros, no caso de falência do banco, ele receberá de volta somente 18.000 euros. É óbvio que com este valor os bancos devem pagar taxas de juros mais elevadas a fim de atrair aplicações.

Dica

O investidor deveria fazer a si e ao agente a seguinte pergunta:

- Por quanto tempo serão pagos os juros elevados?

- Quais outros produtos ainda devem ser vendidos, sendo que você não tem interesse neles?

- Será que desde o início há um "negócio combinado", quer dizer, que você somente receberá aquela taxa de juros se também adquirir outro produto?

- Que seguranças existem para o caso de falência?

O cliente somente poderá se proteger de negócios escusos se ele buscar as informações necessárias, questionando sempre as grandes promessas que lhe são feitas. Neste caso, a sã racionalidade é o melhor conselheiro.

4.5 A correlação entre juros e rendimentos

Isso também vale para um dos grandes "mistérios" da aplicação financeira: a indicação dos rendimentos. No geral, a matemática do juros e do juros composto parece ser um dos grandes enigmas da história da humanidade – pelo menos se pode ter esta impressão quando se dá crédito a muitas pessoas.

Na securitização de imóveis, por exemplo, muitas vezes se fala de juros efetivos. Com a indicação da taxa de juro efetiva quer se mostrar ao cliente claramente as diferentes ofertas dos bancos. Na verdade, os bancos são obrigados a incluir na taxa de juros efetiva todas as outras taxas para a manutenção da conta corrente, para o cálculo e para o acompanhamento dos créditos. O que fará o cliente se os bancos não observarem esta prescrição? O cliente não pode contar com isso. A taxa de juros nominal costuma ser o fator decisivo para calcular o ônus mensal daqueles que tomam os empréstimos.

Na aplicação financeira existe uma fórmula para o cálculo dos rendimentos. Esta, contudo, não é muito simples.

Dica

A fórmula do rendimento:

$$\text{Rendimento} = \frac{\frac{P + (Ke - Ka)}{n} \times 100}{Ka}$$

Nesta fórmula, os elementos correspondentes são:

Ka = capital inicial, capital investido ou curso de compra

Ke = capital final, pagamento ao termo do compromisso

P = juro nominal

N = tempo de aplicação ou tempo restante de aplicação (em anos)

Num primeiro momento, isso parece ser mais difícil do que de fato é. Para o uso doméstico, há um método bem simples, que logicamente não é bem exato e no caso de aplicação por um período mais longo ou lapsos temporais mais complicados não é exato o suficiente. Contudo, ele é suficiente para ser ter uma visão geral no caso de aconselhamento de aplicação financeira.

Exemplo:

Suponhamos que você queira fazer uma aplicação. Esta se estende de 1° de março até o 1° de março três anos mais tarde. A aplicação é muito segura e o juro de mercado é de 3,5% ao ano para o caso de aplicações muito seguras. O consultor lhe informa que o juro nominal é de 2,5% ao ano e que o índice é de 97%. Você está inseguro pelo fato do juro nominal ser tão baixo.

A manha está no preço de compra do empréstimo. Você precisa pagar somente 97% do valor nominal. Se o valor do empréstimo é de 100% ou 100 euros, então você pagará somente 97 euros. O empréstimo é negociado abaixo do valor, portanto abaixo de 100%. Você receberá o empréstimo 3% ou 3 euros mais barato. Neste exemplo, o empréstimo ainda tem um tempo de aplicação de três anos. Pelo tempo restante, você terá uma vantagem de 1% (ou 1 euro). Esta vantagem você deve adicionar ao juro nominal de 2,5%, o que, segundo Adam Riese [matemático e algebrista alemão da Renascença – NdT], perfaz exatamente 3,5%. O rendimento da aplicação corresponde exatamente ao rendimento de mercado. Você pode tranquilamente fazer a aplicação.

Neste caso, por meio do valor abaixo do teto máximo, o cliente tem uma vantagem em relação ao valor da taxa de juros nominal. No caso invertido, isso vale também quando o curso estiver acima de 100. Neste caso se deve subtrair o número relativo a cada ano da taxa de juros nominal.

Exemplo

A taxa nominal de juros corresponde a 4,5%. O tempo da aplicação se estende desde o 1° de julho de um ano civil até o dia 31 de dezembro no período de quatro anos e meio depois. O rendimento de mercado corresponde a 3,75% ao ano; o preço da aquisição, em caso de segurança equivalente, corresponde a 103.373. A diferença de índice no valor de 3.375% deve ser dividido pelo tempo restante na ordem de 4,5% ao ano. O resultado de 0,75 deve ser subtraído de 4,5%, alcançando-se, assim, o total de 3,75%.

Bem mais difícil é o cálculo do rendimento de uma aplicação em fundo de investimento. Acabou por se impor o assim chamado método BVI (BVI é a abreviatura para *Bundesverband Investment und Asset Management e.V.* [Associação de Investimento, Assessoria e Gerenciamento]; é uma associação representativa dos interesses da área de investimentos e oferece conhecimentos básicos para o fundo de investimento, previdência privada com fundos e coisas similares; o endereço está indicado no anexo deste livro).

Este método básico reconhecido internacionalmente permite um cálculo simples, repetível e exato. O desenvolvimento do valor da aplicação é a transformação porcentual do dinheiro aplicado entre o início o final do tempo de aplicação. Nisso se pressupõe que os dividendos são matematicamente reinvestidos em parcelas do fundo para o chamado valor de inventário, isto é, o valor de recompra. Assim os desenvolvimentos de valor de fundos de dividendos e fundos de entesouramento podem ser comparados entre si. No caso de um fundo de dividendos, o aplicador recebe o resultado do fundo creditado em sua conta por ocasião do vencimento dos dividendos. O cliente pode então decidir se ele quer comprar novas parcelas do fundo ou fazer algo diferente com seu dinheiro. No caso de fundo de entesouramento, o resultado é imediatamente reinvestido no fundo, sem passar por um crédito na conta do cliente. Para o cliente, o número de parcelas do fundo não se altera.

Contudo, assim se pressupõe que o capital investido é aplicado por completo no referido investimento e assim determinados fatores de influência como, por exemplo, acréscimo de pagamento, despesas de retomada, taxas de depósito ou taxas de manutenção de conta não são considerados.

Os rendimentos de aplicações em poupança e aplicações de renda fixa naturalmente também podem desviar do juro nominal recebido. A maioria das pessoas se dá por satisfeita por cada décimo ou centésimo porcentual que podem lograr ao negociar as condições da aplicação. Também aqui vale a regra de sempre prestar o máximo de atenção em como você aplica seu dinheiro.

Você pode, por exemplo, aplicar seu dinheiro – digamos 10.000 euros – por um ano a uma taxa de juros de 3,5%. Ou você pode transformar a aplicação anual em uma aplicação mensal também por uma taxa de juros de 3,5% ao ano. A diferença reside no fato de que no caso da aplicação mensal os juros são creditados ao final de 30 dias e estes são novamente remunerados junto com o valor aplicado até o final da aplicação. Em um ano, a diferença é de 5,67 euros ou 0,05% a mais em juros. Isso não parece ser muito, mas no caso de aplicação de grandes valores ou aplicações de longo prazo, o resultado pode ser bem significativo. Naturalmente não se pode deixar de mencionar que o risco da flutuação da taxa de juros pode agir em seu desfavor. Se a taxa de juros baixar durante o tempo de aplicação de um ano no caso de aplicação mensal, você terá um risco; mas igualmente você tem a chance dos juros se elevarem no mesmo período.

Thomas Kohrs

5. As formas de aplicação de dinheiro

5.1 Aplicação de renda fixa e caderneta de poupança como modelos superados?

No capítulo 4, nós já apresentamos o chamado triângulo mágico da aplicação financeira. Segundo o que foi apresentado, o cliente deve tomar uma decisão, levando em consideração os parâmetros de segurança, rendimento e liquidez.

A diferença entre as diferentes formas de aplicação reside especialmente no fato de que os rendimentos podem ser muito diferenciados. Em uma conta corrente, a qual serve para o giro de pagamentos, portanto para transferências e débitos, em geral não há nenhuma remuneração na forma de juros.

Nos últimos anos, aumentaram bastante as chamadas contas diárias. Os aplicadores gostam muito deste tipo de conta, porque combinam a liquidez diária com uma remuneração de juros relativamente alta. O aspecto negativo reside no fato de que a remuneração de juros se adapta muito rapidamente ao desenvolvimento dos juros de mercado. No caso de juros crescentes, isso é favorável ao aplicador; no caso de juros decrescentes, ele colhe o aspecto negativo. O irritante é que no caso de juros crescentes, os bancos levam algum tempo para realizar o crédito, enquanto que no caso de juros decrescentes o crédito é feito imediatamente.

No caso de aplicações de renda fixa, o cliente toma a decisão de aplicar de forma "fixa" o dinheiro por 30 dias, por um determinado período de tempo ou por um ano. Dependendo da combinação com o banco, durante este período o cliente não tem acesso a seu dinheiro.

No caso de cadernetas de poupança, a situação é similar. Aqui o período de aplicação em geral se estende a três, seis ou doze meses. Mas também é possível fazer a aplicação por vários anos. Aqui se deve observar que neste tipo de aplicação há um tempo mínimo para se efetuar a retirada. O tempo mínimo normal é de três meses, o que corresponde a uma antiga norma de rescisão para aplicações de poupança "normais". Somente após o decurso deste prazo, o cliente pode dispor do valor total de sua aplicação. Se o cliente necessitar de seu dinheiro mais cedo, o banco pode calcular um juros de antecipação. Sem o aviso prévio, é possível somente sacar de uma aplicação de poupança no máximo 2.000 euros por mês.

Informação

Legalmente não tem nenhuma importância se o aplicador ainda tem em mãos uma caderneta, portanto um pequeno caderno, no qual são registrados os depósitos, ou se ele tem uma pasta para armazenar os extratos, como no caso de contas correntes normais, das quais se consegue ter extratos regulares. A vitória das "pastas com os extratos soltos" está relacionada simplesmente com a necessidade de redução de custos por parte dos bancos. A fabricação e a manutenção das verdadeiras cadernetas de poupança é muito dispendiosa. Por isso a maioria dos bancos já optou pelos conhecidos extratos a serem armazenados em pastas ou mesmo pela utilização dos cartões de plásticos também no caso de aplicações de poupança.

O patrimônio financeiro dos alemães constituiu em final de 2006 um total de 4,26 trilhões de euros; na Áustria, o total chegou a 356 bilhões e, na Suíça, à casa de um trilhão de euros. Por conta da densidade demográfica muito distinta nos diferentes países, estes valores são somente aproximativos. Cada alemão tinha per capita o patrimônio de 54.000 euros; cada cidadão suíço, contudo, tinha 154.000 euros, tendo, portanto, bem mais que o dobro da média de um alemão. Os austríacos estão logo após os alemães com uma média de 44.000 euros. Mas também, na distribuição do patrimônio, há diferenças muito grandes. Na Alemanha, 30% do patrimônio, isto é, algo no valor de 1,492 trilhões, estão aplicados em cadernetas de poupança, aplicações à vista e aplicações temporárias, bem como na forma de dinheiro à vista. E 46% estão aplicados na forma de imóveis, sobre os quais, contudo, também pesam hipotecas no valor correspondente. O "resto" está aplicado especialmente em seguros. Na Suíça e na Áustria, o valor aplicado em fundo de previdência e fundos de pensão chega a 70%. Isso reside especialmente no fato de que nestes países não existe um sistema comparável de previdência social como o sistema estatal alemão de previdência social. Ali o cidadão deve ele próprio investir muito mais para seu bem-estar na idade avançada, guardando desde cedo algum capital para esta finalidade. Muitas das diferenças na mentalidade dos aplicadores são historicamente condicionadas. Assim, por exemplo, nos países anglo-saxões, a parcela da população que investe em ações é muito maior do que na Alemanha.

No caso de aplicação em caderneta de poupança ou em fundo de renda fixa, o aplicador deve ter clareza de que a aplicação é remunerada por um pequeno rendimento. Muitas vezes, o rendimento é calculado de forma tão justa que, após a dedução do imposto de renda ou do imposto sobre aplicações, o que resta é tão pouco, por vezes nem chegando a compensar a inflação do período. Ainda que as quantias isentas de imposto sejam elevadas, o aplicador em geral fica com pouco dinheiro no bolso depois da Receita Federal tirar sua parte. Mesmo que a partir de 2009 tenha começado a vigorar na Alemanha o imposto sobre ganhos de capital, seguindo-se com isso o exemplo da Áustria; individualmente, isso significa um ônus maior por habitante. Cada aplicador, que estiver enquadrado num faixa tributária inferior a 25%, tem direito à restituição do imposto pago a mais. Mas muitos investidores, especialmente pessoas idosas, nem sequer fazem declarações de renda. Seja por desconhecimento, seja por comodidade, muitas pessoas renunciam à lide com os formulários. Mas elas renunciam também a dinheiro vivo, doando parte de seu patrimônio. Por meio da diminuição do valor não tributável e do fato de que no futuro todos os lucros obtidos serão tributados, a própria tributação pode ser elevada.

Contra a aplicação em ações ou fundos de ações depõe o seguinte argumento, o qual sempre é mencionado em conversas de consultoria financeira: as pessoas querem poder dormir em paz. Qualquer atentado terrorista, qualquer manifestação pública de um político importante ou diretor de casa da moeda e toda decisão quanto à majoração ou diminuição da taxa de juros tem influência sobre o curso das ações. E isto deixa muitas pessoas ansiosas e inseguras com relação a seu fundo de ações. Por isso também na Alemanha, no futuro, a caderneta de poupança e a aplicação de renda fixa continuarão a ser parte constitutiva de uma aplicação financeira bem estruturada.

5.2 Ações como modelo do futuro?

Com vistas à previdência na velhice, a aplicação financeira de longo prazo na forma de ações e fundos ganha cada vez mais em importância. Ali os rendimentos são os mais elevados e o sucesso é maior. É natural que com uma aplicação em ações também se pode perder muito dinheiro. Quem, por exemplo, numa corrida de cavalo ou, então, numa aplicação em ações, aposta tudo num cavalo ou numa ação, não deve se admirar se vier a perder todo seu dinheiro.

O sucesso da aplicação em ações, que perdurou por muitos anos, reside, a meu entender, também na estrutura fundamental da aplicação. As ações são uma forma de participação na propriedade, nos meios de produção. Gera-se um valor excedente acima da inflação, do qual o acionista procura participar. Ele concede a uma empresa parte de seu capital, participando por conta disso do sucesso do empreendimento. Se a empresa vai bem, sempre mais acionistas haverão de querer participar, comprando ações. O valor das ações na bolsa subirá cada vez mais, elevando-se também os rendimentos dos acionistas. Se, além disso, ainda for feito um *split*, isto é, uma divisão da ação por causa de seu valor elevado, então o acionista terá ainda mais proveito.

Informação

Um *split* de ações pode se descrito da seguinte maneira. Suponhamos que uma ação custa 1.000 reais. Comparativamente, isso é muito. Os investidores devem juntar muito dinheiro a fim de poder comprar uma única ação. Portanto, a ação é fracionada, por exemplo, na relação de 1:20. Por uma ação antiga, o acionista recebe 20 novas ações. Naturalmente, o valor da ação também será menor. Se a ação antes custava 1.000 reais, no dia do *split*, seu valor será "somente" de 50 reais. Isso torna a ação "oticamente" mais barata, embora nada tenha mudado em seu valor efetivo. Contudo, haverá novos interessados em comprar ações, o que, conforme mostra a experiência, eleva o valor das ações.

Além disso, uma empresa bem estruturada procura fazer com que os lucros anuais sejam cada vez maiores e que os acionistas participem destes lucros por meio de pagamento de dividendos.

Naturalmente, também existem épocas em que os proprietários não têm nenhuma alegria com seu empreendimento. Há alterações no mercado, que fazem com que seu produto não possa mais concorrer de modo competitivo com outros produtos. Pode ser também que os executivos tenham cometido erros e não tenham reconhecido a tempo os sinais dos tempos. Ou talvez a forma de produção seja muito cara, ou os mercados tenham diminuído ou tenham surgido outras empresas que produzem produtos mais baratos e melhores. Pode ser também que os preços das ações tenham diminuído de forma geral por causa de desenvolvimentos econômicos gerais desfavoráveis.

No jogo entre oferta e procura, isso significa que a oferta de ações é maior do que a procura. Aqueles que oferecem as ações devem buscar atrair os investidores, tornando os preços mais agradáveis, fazendo com que o valor das ações diminua de forma geral. Nenhum investidor gosta disso. Mas alguém deve estar disposto a pagar os preços. Há algumas regras gerais que podem prevenir o investidor diante de prejuízos exagerados.

Dica

- *Don't put all eggs in one basket.* Não coloque todos os ovos num só cesto. Também se pode dizer: não aposte tudo numa só cartada. O risco deve ser diversificado, isto é, deve ser dividido.

- "Não se deve pegar em uma faca caindo." Esta frase se aplica para momentos em que o valor das ações está caindo acentuadamente. Se o valor das ações está caindo, pode ser perigoso embarcar cedo demais e perder ainda mais dinheiro. Se o valor de uma ação mudar substancialmente ou cair de forma generalizada, dever-se-ia esperar primeiramente uma recuperação antes de fazer o investimento.

- "Não jogar dinheiro bom atrás de dinheiro ruim." Também este provérbio se aplica para situações de queda do valor das ações. Se uma empresa de fato tem um problema estrutural, então se deve puxar o freio de mão e distanciar-se da equipe executiva. Muitas vezes há um erro de cálculo, sendo necessário, então, tirar as consequências, por mais dolorosas que possam ser.

5.3 O que são rendimentos?

Com o termo rendimento, não se pensa primeiramente nos pagamentos de uma seguradora ou do Estado, mas nos pagamentos feitos a partir de títulos de valores com juros fixos. Tais documentos também são chamados de créditos, bônus, empréstimos ou cartas de hipoteca. Cada nome descreve um determinado ato. O investidor decide se ele quer colocar à disposição de um banco, de uma comunidade, do Estado ou de uma empresa, uma determinada quantia em dinheiro por um determinado tempo. Em troca disso, ele recebe uma remuneração em forma de juros, os quais em geral estão pré-fixados para todo o período da aplicação. Mas há também casos em que a taxa de juros depende de desenvolvimentos posteriores. Por exemplo, pode-se vincular a taxa de juros ao Euribor (*European Interbank Offered Rate* [taxa de juros oferecida entre os bancos europeus]). Há também casos em que não há nenhuma taxa de juros, calculando-se os rendimentos do cliente somente pela flutuação do valor do empréstimo. Neste caso, fala-se de empréstimo sem valor de cupom ou de bônus zero.

O ponto decisivo em relação aos acionistas é a estrutura jurídica básica. Se no caso de ações o aplicador se torna coproprietário da empresa, aquele que investe numa carta de crédito somente torna-se credor. Ele se torna credor, tendo em relação a um proprietário uma posição diferenciada. Não se pode afirmar com certeza se a posição do acionista ou do credor é mais positiva ou não. Se ocorrer o caso de falência de uma empresa, num primeiro momento, os acionistas não recebem nada; os credores, por outro lado, recebem pelo menos uma parte da massa falida, participando das chamadas cotas. Em outros casos, os credores perderam tudo e, após alguns anos, os acionistas podem ser novamente investidos em seus antigos direitos.

Usualmente, ações ou títulos de valores melhores são negociados na bolsa de valores, tendo por isso um determinado valor, portanto um valor de curso ou índice. Este valor pode subir, mas também pode baixar. Isso depende, por um lado, da avaliação do emitente e, por outro lado, do desenvolvimento geral da taxa de juros. Dito de forma muito simples, se pode explicar isso da seguinte maneira: se o referido empréstimo tem uma taxa de juros menor em determinado período do que o usual, então o valor da referida ação haverá de baixar, a fim de torná-la competitiva. Se o título tiver uma taxa de juros maior do que outros títulos usuais no mercado, então o valor tenderá a subir.

Na Alemanha, esta flutuação de valor existe somente para bônus do tesouro nacional. Estes sempre são negociados por um preço fixo. Contudo, somente em casos bem determinados, o aplicador pode novamente transformar estes títulos em dinheiro. Há limites muito bem fixados para sua liquidação. Com isso, o ministro da fazenda somente quer evitar que o aplicador possa transformar ilimitadamente títulos com taxas de juros ruins em títulos com boa remuneração de juros.

Empréstimos são negociados por períodos diferenciados de duração. Se até pouco tempo atrás, empréstimos ao Estado eram negociados com prazos muito longos, com média de 30 anos, hoje isso não é mais assim. Para o cliente privado, hoje é interessante fazer aplicações por períodos entre 3 e 5 anos. O motivo é muito simples. Há vários anos, a curva da estrutura de juros, portanto o indicador do desenvolvimento de juros, entre 1 e 10 anos é muito diferenciado. Isso tem como consequência que o aplicador de longo prazo recebe em troca de sua aplicação de longo prazo uma vantagem muito pequena em termos de juros. Em alguns casos é assim que, por uma aplicação de curto prazo, ele recebe um juros maior do que por uma aplicação de longo prazo. Esta situação específica é chamada de estrutura de juros inversa.

Apresentação do desenvolvimento da taxa de juros em cartas de crédito com duração entre 1 e 10 anos entre 2005 e 2008

	30 dez. 2005	30 dez. 2006	30 dez. 2007	0 dez. 2008
1° ano	2,85	4,04	4,61	5,34
2° ano	3,03	4,08	4,41	5,38
3° ano	3,12	4,07	4,36	5,30
4° ano	3,18	4,07	4,36	5,20
5° ano	3,23	4,07	4,38	5,13
6° ano	3,28	4,08	4,41	5,07
7° ano	3,33	4,09	4,45	5,08
8° ano	3,38	4,11	4,49	5,04
9° ano	3,42	4,11	4,53	5,04
10° ano	3,42	4,11	4,53	5,04

Fonte: pesquisas próprias.

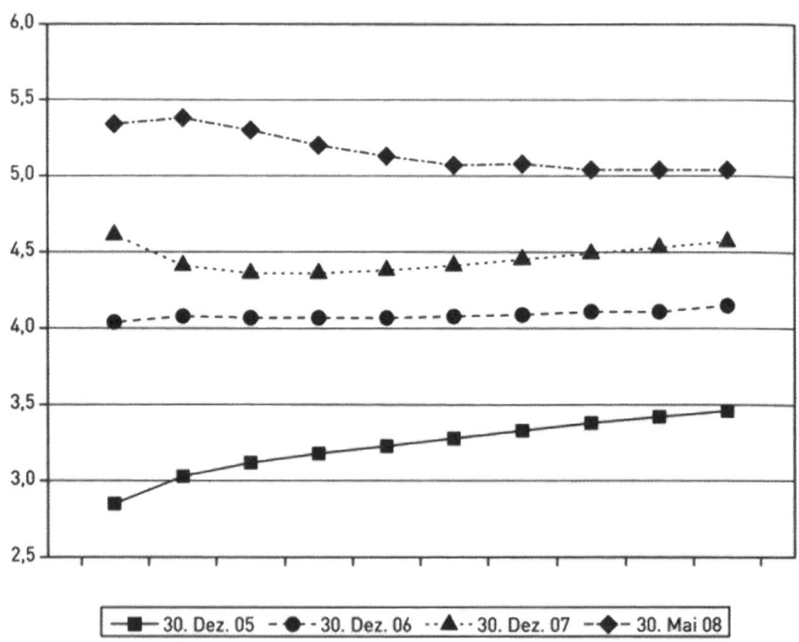

Com base neste gráfico, pode-se reconhecer facilmente como os juros se comportaram especialmente no âmbito da aplicação de curta duração. Se no de 2005 a estrutura dos juros ainda era quase "normal" (curva inferior), com uma diferença de 0,61%, esta situação se modificou alguns anos mais tarde. Ao final do ano de 2006, a curva está quase horizontal. Não há diferença fundamental entre curto prazo e longo prazo. Por que o aplicador deveria se comprometer, se ele não recebe juros maiores em troca disso? Um ano mais tarde já são perceptíveis as consequências da crise imobiliária. Em pouco tempo, o dinheiro se tornou muito mais caro. A curva da estrutura dos juros é inversa. Em pouco tempo, o aplicador pode ganhar bastante dinheiro, enquanto que no longo prazo os juros até subiram, mas nem tanto. Cinco meses mais tarde, a diferença é ainda maior. Se no período de um ano os juros subiram em 0,43 pontos percentuais, a elevação no período de dez anos significou somente 0,26 pontos percentuais.

Dica

A regra geral para uma aplicação na fase de juros normais é: quanto mais longo o período, mais elevada é a taxa de juros. Isso é, em todo caso, a regra usualmente válida. No caso de uma estrutura de juros inversa, vale exatamente o contrário. Para um período mais curto, há mais juros do que para um período mais longo.

5.4 Fundos de investimentos como aplicação financeira

Nos últimos anos, a aplicação em fundos de investimentos se tornou uma aplicação cada vez mais apreciada. Aí se faz primeiramente a diferença entre fundos de investimentos abertos e fechados. No caso de um fundo de investimento aberto, uma sociedade de aplicação de capital (sigla em alemão: KAG [*Kapitalanlagegesellschaft*] ou sociedade de investimento) arrecada o dinheiro e o junta. Ela cria um fundo de investimento, o qual, segundo certos preceitos de aplicação, realiza investimentos em diferentes âmbitos de aplicação (ações, títulos com remuneração fixa, investimentos no mercado financeiro ou no mercado imobiliário). Para este âmbito, o legislador não previu nenhuma limitação no que tange ao montante do patrimônio ou ao número dos títulos de crédito. Somente o montante do dinheiro que o administrador do patrimônio pode ou deve manter em aplicações líquidas está sujeito à limitação.

Os respectivos títulos de participação podem ser negociados a qualquer dia na bolsa de valores. Aí, contudo, se pode diferenciar entre várias possibilidades. Vários fundos podem ser diretamente adquiridos na bolsa. Aí se configura um *spread* [em alemão: *Geld oder Briefspanne*], portanto uma diferença de valor entre a compra e venda do respectivo título de participação. Além disso, o comprador do título deve pagar ao banco uma taxa pela compra, assumindo também as demais despesas da bolsa. A vantagem consiste no fato de que o aplicador pode determinar bem o preço na medida em que ele, por exemplo, também pode limitar sua ordem. Esta possibilidade, o aplicador não tem em outras situações. Normalmente, a compra de participações em fundos de investimento é realizada por meio do envio de ordens a um banco, o qual normalmente realiza o negócio fora do âmbito da bolsa. O cliente deve pagar ao banco um preço maior do que ele receberia pelo fundo. Esta sobretaxação situa-se entre 3 (no caso de fundos de pensão) e 5,5% (no caso de fundos de ações). Em geral, o aplicador também não conhece o preço real do fundo, uma vez que este é fixado somente na parte da tarde, enquanto que a ordem de venda deve ser dada o mais tardar até o meio-dia.

Algo similar vale também para o resgate, portanto para a venda das participações no fundo por parte dos investidores. Em regra geral, a compra direta na bolsa somente é vantajosa para o caso de fundos de investimento e isso somente em momentos de volatilidade, portanto em períodos de flutuação da bolsa. Neste caso, o cliente sabe exatamente o que deve pagar. Assim, o fundo é negociável da mesma forma que uma ação isolada.

Dica

Você deve analisar bem se é mais interessante comprar participações em fundos de investimento diretamente na bolsa de valores (o valor é imediatamente conhecido, devendo-se observar as taxas) ou por meio de uma sociedade de investimento (há uma sobretaxa e o preço não é imediatamente conhecido). Você deve ficar atento também para o fato de que a revenda por meio da bolsa acarreta novos custos. Em geral, a recompra por meio do banco é muito barata ou até mesmo grátis.

A vantagem geral de uma aplicação em um fundo de investimento reside na horizontalização ou diversificação dos riscos de investimentos. Mesmo em caso de falência da sociedade de investimento, o cliente geralmente não precisa se preocupar com seu patrimônio.

Se o investidor adquiriu participações em fundos de investimento, ele se torna coproprietário do patrimônio do fundo. Com isso, ele tem direito à participação nos lucros, bem como o direito de devolver as participações pelo respectivo preço de recompra. O valor da respectiva participação se orienta pelo valor de todo do patrimônio do fundo (valor líquido de inventário ou *Net Asset Value*) e pela quantia das participações vendidas. Segundo o direito alemão, o patrimônio do fundo é patrimônio especial e deve ser administrado de forma separada do patrimônio restante da sociedade de fundo.

Reside, na natureza da coisa, que o patrimônio do fundo aumenta por meio da distribuição e venda de novos títulos de participação, bem como por meio de lucros nas diferenças, de pagamentos de dividendos ou de juros por parte da sociedade. O patrimônio do fundo diminui por meio da recompra de títulos de participação, de prejuízos dos respectivos títulos de crédito ou por meio de distribuições de dividendos feitos pela sociedade.

Há também os assim chamados fundos de investimentos fechados. Estes estão sujeitos a uma limitação com vistas à possibilidade de comprar e vender as participações a qualquer momento. As mais conhecidas são as aplicações em fundos imobiliários fechados e em navios (petroleiros, navios de containers, navios graneleiros). O investimento deve acontecer numa determinada fase, a saber, o momento da instalação. As participações dificilmente poderão ser devolvidas. Nos últimos anos, desenvolveu-se para esta finalidade um mercado específico, o chamado mercado secundário. A bolsa de valores de Hamburgo teve um engajamento especial, a fim de que os aplicadores possam devolver suas participações. Todo aplicador, contudo, deve ter clareza que este fundo somente pode ser negociado com consideráveis descontos sobre o valor real.

A situação de necessidade de um investidor de ter suas participações no fundo novamente transformadas em dinheiro certamente será aproveitada pelos interesses de outros compradores. Aqui o aplicador novamente está na situação fundamental da decisão da aplicação do triângulo mágico da aplicação financeira. O tempo de duração de tal aplicação é relativamente longo, sendo, em todo caso, superior a 6 anos, comportando até um prazo de 20 anos de duração. Também o risco de tal aplicação não pode ser desconsiderado. No caso de fundos fechados, não existe a usual diversificação da aplicação, uma vez que aqui não se trata de muitos objetos de aplicação, mas de apenas um. Com isso, a aplicação em um fundo fechado é sempre um risco empresarial. Os rendimentos podem ser bem elevados, mas também existe a possibilidade de perda total.

Dica

Os fundos fechados têm grandes rendimentos, mas também comportam muitos riscos.

Você imobiliza o capital por um período relativamente longo.

Em todo caso, não se deveria investir grandes quantias. Em caso normal, o investimento não deveria ser superior a 5 ou 10% de seu patrimônio.

Deve-se ficar atento para os custos. Além disso, dever-se-ia prestar atenção aos custos exigidos pelo banco.

A chance de obter um rendimento mais elevado também é cobrado de forma relativamente cara pelas organizações participantes. Na maioria dos fundos fechados, o comprador deve pagar um ágio, portanto um sobrepreço na ordem de 5%. Com isso, porém, ainda não estão cobertas as despesas da organização promotora. Em geral, os fundos fechados são muito lucrativos, prometendo na propaganda uma remuneração financeira de até 14%. Estas chamadas despesas leves naturalmente também devem ser financiadas pelo aplicador, o que diminui seus rendimentos.

5.5 Aplicações financeiras derivadas: opções, futuros e certificados

Aplicações financeiras derivadas são instrumentos financeiros, que são afinados em conformidade com os valores e o desenvolvimento de outros investimentos. Estes títulos são construídos de tal maneira que as variações ou preços de outros objetos de aplicação são reproduzidos de forma exagerada. Isso vale tanto para preços em ascensão quanto para preços em queda.

De uma forma muito simplificada, se pode descrever esta aplicação financeira da seguinte forma: o investidor torce para que determinado desenvolvimento aconteça. Ele pode apostar determinada quantia de dinheiro, esperando que determinado ativo adjacente fique acima ou abaixo de determinado preço em determinado momento. Para isso, ele sempre precisa de um companheiro que assuma com ele a aposta, mas que naturalmente tenha uma concepção contraposta a ele. Sem este parceiro, ele naturalmente não pode fazer a referida aposta. O aplicador também pode assumir ambos os pólos; ele pode comprar ou vender a opção (a aposta).

Estes negócios derivados são bem arquitetados em sua construção básica. Um aplicador, por exemplo, que tem determinado depósito de ações, pode assegurar o valor de curso destas ações. Nisso se pressupõe que o investidor fundamentalmente está interessado em manter a aplicação. Ele não quer vender os títulos de crédito, evitando, porém, ao máximo possível, perdas em seu valor. Neste caso, o acionista tem os títulos em depósito, mas quer assegurá-los contra eventuais perdas.

Estes negócios também são possíveis quando nem se tem a posse dos respectivos títulos. Neste caso, o negócio é realizado por pura especulação. Os contratos são realizados somente por sede de lucro, pelo prazer de apostar ou, então, realizados no espírito da mais selvagem especulação. Nisso também os objetos da especulação podem ser escolhidos livremente: o preço do petróleo, a evolução da taxa de juros, a relação entre o euro e o dólar, o preço do porco, o preço do trigo em alguns meses e qualquer outra coisa, pois nenhum limite está colocado neste sentido.

Também se pode criticar esta forma de especulação. Se o preço do petróleo sobe somente porque alguns especuladores no mundo acham que devem fazê-lo subir artificialmente, porque do mesmo já contam com preços mais elevados, então, para milhões de pessoas, isso custa dinheiro vivo e pode arruinar a economia de muitos países. Aqui se coloca a pergunta: em que medida regulações estatais podem e devem encontrar formas de intervenção? Tais intervenções somente têm sentido se forem sustentadas mundialmente e em conjunto por todos os governos dos países.

Os tipos das aplicações podem ser rapidamente explicados: uma opção é um direito restrito de aceitar ou rejeitar uma oferta contratualmente oferecida por um parceiro de negócios, conforme o preço base e a quantidade ofertada, sendo em geral regulada por quantidade. O leitor não habituado deve ler várias vezes o contrato. O ponto decisivo não é somente que o preço atual de compra esteja fixado, mas também o preço futuro de venda! Esta afirmação pode ser resumida no fato de que todos os conteúdos dos contratos devem estar definidos desde o início: o objeto do contrato (a ação), determinado preço, a quantidade, portanto o número do referido bem e o momento futuro, no qual o negócio deverá ser realizado. Diferencia-se entre opção de compra e opção de venda. Com ajuda destas opções, o investidor pode objetivar entradas adicionais em seu depósito.

Uma ação futura está estruturada de forma similar. Também aqui a medida das coisas é a normatização do contrato, portanto, a combinação. Trata-se de compromissos fixos com vistas a quantidade, qualidade e prazo para o fornecimento. Um dos parceiros do contrato se compromete a entregar uma quantidade determinada, por exemplo, um título de crédito por um preço já afixado, em um determinado lugar e em qualidade já determinada. O outro contratante obriga-se a assumir a oferta. Aí pode se tratar de contratos financeiros ou de *commodity futures*, que se referem a negócios com mercadorias em prazos determinados. Determinadas bolsas de valores, como, por exemplo, a Eurex, em Stuttgart, funcionam como lugares de negociação. Os certificados ganharam prestígio nos últimos anos na Alemanha. A própria Alemanha é líder mundial neste segmento. Anteriormente havia muitas reservas em relação aos negócios com ativos adjacentes. A construção relativamente complicada e as muitas possibilidades acabavam criando mais insegurança do que possibilitar grandes chances. Isso mudou somente quando os bancos começaram a juntar em pacotes as diversas possibilidades. Inicialmente se podia adquirir as assim chamadas aplicações de ações. Aqui um investidor podia, por exemplo, investir 10.000 euros numa aplicação, a qual prometia uma remuneração de juros muito acima do nível normal. Contudo, a devolução do pagamento da aplicação estava vinculada a uma condição: a ação que estava acoplada ao investimento como valor de referência não poderia estar abaixo de determinado nível por ocasião do termo de contrato. Se isso fosse o caso, o investidor não recebia seu capital de volta, mas uma quantidade anteriormente determinada de ações tomadas como valor de referência. Só que, por ocasião do termo do contrato, estas naturalmente valiam menos do que o valor inicialmente pago.

Entrementes se pode adquirir certificados para uma grande quantidade de ações e outros títulos de valor, os quais apostam em diferentes evoluções do mercado. A diferença básica, contudo, reside no fato de que o investidor não adquire uma participação num fundo, mas uma promessa de dívida do emitente. Por isso ele não se torna proprietário, o que tem consequências não desprezíveis em caso de falência do emitente.

Nesse tipo de operação, não há limite para a fantasia, para as supostas evoluções na bolsa de valores e os valores de referência, bem como para as possíveis combinações. Deve-se observar, contudo, que há algum tempo as condições para os títulos de crédito dos bancos sofreram modificações num determinado ponto: se até então os bancos deveriam fornecer à bolsa de valores uma ordem de serviço do cliente, agora os bancos podem compensar a ordem de serviço do cliente com garantias próprias em ações se pagarem aos clientes o mesmo preço que pagariam na bolsa de valores. A questão então é em que medida o banco lucra adicionalmente com este produto e se a participação do cliente nesta vantagem de fato é justa.

A vantagem para o cliente pode ser vista especialmente nos certificados de índice e de descontos: o risco pode ser diluído, portanto diversificado, uma vez que os certificados não objetivam somente um índice, o qual eles retratam diretamente e com vantagens para o investidor. Pode-se perfeitamente investir numa carteira de ações, o assim chamado *basket*. Naturalmente se pode também escolher um certificado de matérias primas ou outros produtos.

Fundamentalmente se deve observar que as condições das diferentes agências de negociação não são reguladas de modo uniforme. Cada banco ou agência de investimento pode levar ao mercado determinados títulos em condições de negociação relativamente individualizadas. Também as designações são distintas de agência para agência. Cada emitente pode inventar um nome novo, a fim de angariar uma vantagem em relação ao concorrente. Por isso aqui – infelizmente – somente uma coisa pode ajudar: ler com atenção o prospecto de emissão.

5.6 Participações

O assim chamado capital de participação privado é um conceito geral para o investimento de investidores privados ou institucionais em empresas (ainda) não negociadas na bolsa. Nisso se pode diferenciar duas modalidades: a primeira consiste em investir capital adicional em pequenas e médias empresas já existentes. A segunda possibilidade é auxiliar no desenvolvimento de empresas bem novas, que tenham uma ideia de negócios inovadora, mas estão sem capital. Isso significa que o investidor coloca à disposição o assim chamado capital de ousadia embora este conceito não seja mais usual nos últimos anos, mesmo na Alemanha. Fala-se muito mais de *private equity society* [sociedades privadas igualitárias] ou sociedades de capital de risco.

No passado, o acesso a tais formas de aplicação era possível somente para investidores com muito capital. A ousadia também é correspondentemente grande e as possibilidades de perda, assim como as chances de lucro, são enormes. Imagine que tivesse tido a possibilidade de ajudar Bill Gates no desenvolvimento da Microsoft ou Larry Page, na fundação da Google. Com um investimento de 10.000 euros, a pessoa hoje seria simplesmente milionária. Necessita-se, pois, de um verdadeiro dom de discernimento, a fim de diferenciar realmente entre os empresários com chances de sucesso e os candidatos à falência. Como não muitas pessoas têm esta capacidade, hoje em dia até pequenos investidores podem com alguns milhares de euros investir em carteiras de participações, que são construídas de forma similar a um fundo de investimento. Mas aqui se exige fôlego longo.

A chance de investidor consiste em que nesta carteira estão presentes empresas pequenas e médias, que em pouco tempo estão maduras para a bolsa de valores, podendo ser levadas como novas emissões para o mercado. Neste caso, a perspectiva de lucro é verdadeiramente grande. Por outro lado, neste portfólio, certamente também há empresas que mais cedo ou mais tarde anunciarão a falência. Neste caso, o capital investido deve ser tomado como investimento a fundo perdido. As promessas de grandes rendimentos podem ser fundamentadas pela expectativa de que nesta carteira as empresas com chances de lucros constituem a maioria.

Dica

Para a forma de aplicação em ações, fundos de ações e especialmente fundos fechados, bem como participações, o pequeno investidor deveria aplicar somente capital não necessário em caso de necessidade para a compra do carro novo, para a próxima viagem de férias ou para outra nova aquisição. Isso não é um bom investimento para quem suar frio ou não mais conseguir dormir à noite com qualquer oscilação no valor das ações.

Thomas Kohrs

6. A bolsa de valores: um lugar do diabo?

Para muitas pessoas, a bolsa de valores é o lugar equivalente à proverbial expressão "livro de sete selos". A bolsa, contudo, é um lugar de mercado bem organizado, no qual se pode comprar ou vender títulos de valor ou bens. Os vendedores, que aqui são chamados corretores, não negociam com frutas ou verduras, mas com empréstimos, ações, moedas ou outras "mercadorias". Além disso, se negociam também direitos, os assim chamados derivados, que são literalmente derivados dos negócios fundamentais. No que tange à importância da bolsa, esta se estende muito além de um mercado comum. Ela tem uma função adicional, muito importante, numa economia nacional. Ela coloca empresas na situação de conseguir capital por meio deste lugar de negócios.

Fundamentalmente, o preço (índice) para os bens não é fixado pelos negociadores, mas fica a cargo de um equilíbrio entre a oferta e a procura. A compra e a venda de compromissos [*Aufträge*] são chamadas de ordens, e somente se realiza o negócio se o comprador estiver de acordo com o vendedor sobre o valor de determinado título. Este negócio com título também costuma ser chamado em inglês pelo nome de *brokerage*.

Em poucas palavras, estes são os princípios fundamentais da bolsa, que são iguais em todas as partes do mundo. A sua história remonta até o século XV. Há diferentes explicações para a origem do termo bolsa. Por um lado, ele poderia derivar do nome da família de patrícios "van der Beurse"; mas, por outro lado, poderia também remontar ao termo latino "bursa". Outras tentativas de definição buscam derivar o termo da atual cidade belga de Brügge, na qual, no século XV, foram instaladas as primeiras bases de uma bolsa, ou, então, se faz referências ao nome "de Bourse", de Brügge. A primeira bolsa, no sentido de como hoje manejamos o termo, foi instalada no ano de 1460 em Antuérpia. Todas as tentativas de explicação permitem reconhecer que a origem da bolsa deve ser localizada na Europa central. Ali comerciantes se encontravam para negociar mercadorias de todas as partes do mundo, especialmente especiarias como, por exemplo, pimenta da Índia, e também para realizar negócios com câmbio e ações. Na Alemanha, a primeira bolsa surgiu em Ausgburgo no ano de 1551; em Viena, no ano de 1771 e, na Suíça, em Genebra, no ano de 1850.

6.1 Um mercado de encontros

Se por alguns instantes abstrairmos o significado sobreposto da bolsa para a economia geral, pode-se entender a bolsa também como um mercado de encontros, semelhante a uma feira semanal normal. Também numa bolsa de valores há pessoas que, segundo sua perspectiva, possuem demais de um tipo de bens, querendo vender este excedente. Diferente, contudo, dos bens na feira semanal, tais como verduras e frutas, que somente podem ser negociados em determinadas épocas do ano, porque do contrário estragariam, as ações negociadas na bolsa em geral não se deterioram. Elas aumentam ou diminuem de valor quando há pessoas dispostas a comprá-las ou a vendê-las por um determinado preço. As ações, contudo, também podem estragar quando ninguém mais quer tê-las. Os vendedores não encontram mais compradores, sendo as mesmas, na pior das hipóteses, lançadas com valor zero. O último possuidor arca, então, com o valor e os prejuízos dos títulos.

Fundamentalmente, deve-se observar que neste mercado se encontram pessoas que têm concepções muitos distintas sobre os bens a serem comercializados. O vendedor de uma ação, por exemplo, acredita que as perspectivas de lucro não são mais tão grandes ou que as mesmas já alcançaram seu valor máximo. Pode ser que ele também considere já haver tido prejuízo suficiente com as constantes desvalorizações. O investidor alcançou seu objetivo. Bem diferente é a posição do comprador. Ele acredita não haver ainda alcançado todas as possibilidades de alta de preço ou que o valor baixou a tal ponto que vale a pena investir novamente. De forma resumida, podemos dizer o seguinte: o vendedor quer se livrar do seu bem, o comprador, por seu turno, quer comprá-lo de qualquer forma.

Nisso não podemos desconsiderar por completo os fatores psicológicos. Dito de uma forma um pouco sarcástica e placativa, podemos dizer que na bolsa somente existem dois fatores de determinação. Estes são muito humanos, mas não fazem necessariamente parte das qualidades positivas do caráter da espécie humana. Trata-se da ganância e da avareza. A ganância marca a pessoa na busca por lucros e rendimentos maiores. A avareza entra em cena, porque ninguém quer verdadeiramente arcar com prejuízos, devendo com isso ter investido no momento errado ou não ter sabido avaliar direito determinada constelação. Em muitas conversas que eu mantive com investidores ao longo do tempo, uma coisa sempre me chamou atenção: em muitas pessoas, "a sã racionalidade" deixava de funcionar quando a promessa de rendimentos era bastante elevada. Por telefone, fazem-se os mais escabrosos negócios. No caso de compra de imóveis no exterior, deixa-se de observar importantes regras de cautela. Muitas pessoas deixam-se persuadir muito rapidamente e fecham contratos, que numa análise mais cuidadosa elas nunca deveriam ter firmado. Muitas vezes, quando a pessoa reflete sobre o feito, já é tarde demais, perdendo-se o capital investido. Realiza-se, assim, uma expressão muito usual entre banqueiros: "a ganância devora o entendimento". Esta expressão pode ser usada aqui como advertência, buscando levar o leitor atento à precaução e ao equilíbrio quando alguém lhe promete o "azul do céu" por ocasião da realização de um negócio.

6.2 Oferta e procura

Na bolsa devem encontrar-se fundamentalmente o vendedor e o comprador. O encontro não se dá pessoalmente, mas é mediado por um corretor, no qual se encontram os diferentes interesses. No chamado livro de ordens [*Orderbuch*], o corretor pode ver a qualquer momentos quantas pessoas estão dispostas a comprar ou a vender determinado título por determinado preço. Esse jogo é chamado de oferta e procura. A oferta de títulos é o lado do vendedor e a procura pelos títulos representa o lado do comprador.

Estes dois interesses devem ser colocados em relação. Isso pode ser feito por meio de uma bolsa presencial como, por exemplo, a bolsa de Nova Iorque ou o andar de negócios da bolsa de Frankfurt ou somente de modo virtual, por meio de um programa de computador, como o americano NASDAQ ou o alemão XETRA.

Dica

Entrementes, mesmo a bolsa de Frankfurt, na Alemanha, é tão computadorizada que aos olhos de alguém de fora parece ser um lugar entediante, porque não há mais tantas pessoas se movimentando. Quem alguma vez tiver a chance de ver fisicamente as instalações de uma bolsa deveria aproveitar bem a ocasião. Os diferentes corretores, os ruídos, o aparente caos e os sinais enigmáticos dos corretores são impressões que a gente nunca mais esquece.

Para melhor compreensão, eu quero neste momento ainda esclarecer dois termos em inglês: *bid* e *ask*. O índice *bid* é um índice financeiro, portanto aquele que indica quantos investidores estão dispostos a pagar por um título. *Bid* significa oferta, na terminologia inglesa, portanto, designa a oferta para a compra. O índice *ask* é o índice de venda [*Briefkurs*], pelo qual os vendedores estão dispostos a vender seus títulos. *Ask* significa aqui a procura ou a oferta de preço. Os termos em inglês podem dar margem a compreensões incorretas em alemão. Como suporte para memorização, pode-se pensar no seguinte exemplo: no índice *ask*, o índice de oferta, os vendedores acenam com suas cartas (os títulos), porque querem vendê-las.

Ambos os parceiros do contrato podem determinar um limite para sua compras ou vendas. Um comprador, que está disposto a pagar 34,90 euros por uma ação, somente a receberá se um vendedor estiver disposto a vender exatamente por este valor ou por um valor inferior a este. Um vendedor, que deseja receber 40,50 euros por uma ação, poderá receber pelo menos este valor se um comprador estiver disposto a pagar este preço ou um valor superior.

Naturalmente, os compradores e os vendedores também podem dar uma ordem ilimitada ao mercado. Neste caso, o comprador deseja comprar o mais barato possível, enquanto o vendedor deseja receber o preço mais elevado possível, portanto o melhor preço.

Dica

Você deve ter cuidado com as ordens ilimitadas: no caso de títulos que não são negociados muitas vezes, tais ordens podem ter desenvolvimentos fatais. Se uma ordem de compra ilimitada se encontra com uma ordem de venda ilimitada, o comprador deve pagar independentemente se o preço está alto demais ou não. O mesmo se dá em sentido inverso: se uma ordem de venda ilimitada se encontra com uma ordem de compra ilimitada, o vendedor deve aceitar o preço mesmo que este baixo demais.

6.3 Calculabilidade dos preços

Os livros de ordens não são visíveis para o cliente "normal". Infelizmente até as bolsas regionais suprimiram novamente a possibilidade de ver diretamente os livros de ordens. Em troca disso, é garantida a "best execution" de sua ordem. Isso significa que o comprador sempre recebe o preço mais vantajoso e o vendedor, sempre o melhor preço que pode ser alcançado na respectiva situação no mercado. A concorrência, por exemplo, entre as bolsas nacionais na Alemanha deveria garantir que o investidor tenha a melhor visão panorâmica da situação de mercado. Na internet se pode acompanhar sem problemas o índice de algumas ações e em algumas ocasiões até fazer uma boa "comprinha". É possível ver exatamente quantas ações são oferecidas ou procuradas por determinado preço. Isso, contudo, somente vale para os valores de referência e também só nas grandes bolsas, porque o cliente quer ver exatamente quantas ações são procuradas e oferecidas e por qual preço. A partir disso, o cliente pode reconhecer como se apresenta o jogo entre a oferta e a procura e qual é a diferença de preço. Quanto mais transparente for a informação do mercado tanto melhor para o cliente. Muitas vezes, porém, ele não é informado como os preços são calculados.

No negócio com, os assim chamados, derivados, há muitas e diferentes possibilidades de formação do preço do título. Isso pode ser explicado com base no exemplo dos, assim chamados, títulos de opção. Com a ajuda destes títulos, o cliente pode especular sobre o desenvolvimento de um mercado crescente ou decrescente. Para isso, o próprio comprador destes títulos não necessita fazer a aposta. Por parte dos bancos ou das sociedades são lhe apresentados produtos praticamente prontos. Ele somente precisa decidir se compra ou não o referido produto. As condições não estão reguladas de modo uniforme, mas podem variar de agência para agência. Enquanto o cliente comprar, estará tudo em ordem. O vendedor, isto é o banco ou o corretor, já realizou o negócio. A questão se torna mais tensa quando o cliente novamente quer vender o título da opção. Se o valor tiver subido, ele como vendedor deve encontrar um novo parceiro para o negócio. Se, todavia, ninguém estiver disposto a pagar o preço do título, então a indicação geralmente fictícia do preço do título não serve para nada. Nestes casos, tudo depende decisivamente de como o banco ou o corretor se comporta.

É muito legal e justo se nesta situação o próprio banco faz a recompra do título pelo preço anunciado. Esta função de regulação do mercado [*market-maker-function*] só raramente é realizada. Neste caso, o investidor está exposto de forma desprotegida ao jogo do mercado, devendo aceitar um preço que lhe é montado pelo corretor. Ele não pode comprovar se este preço de fato confere com as condições de mercado.

Naturalmente as empresas participantes sempre têm um interesse original em serem avaliadas da melhor forma possível. Se a fama do corretor ou do agente de títulos de opção estiver arruinada, então isso certamente circulará muito rapidamente pelo mercado. Aí ninguém vai querer comprar os produtos daquela agência. Além disso, existem sistemas de vigilância da bolsa, de modo que as mencionadas arbitrariedades não deveriam efetivamente acontecer. Em encontros de acionistas ou eventos de formação continuada, sempre se pode ouvir queixas no sentido de que clientes ficam irados por conta de preços informados, mostrando assim sua insatisfação. Isso se refere especialmente ao âmbito das transações online em determinados bancos. Em tempos de muitas ordens, pode acontecer de o sistema de negócios estar sobrecarregado, não se conseguindo levar as referidas ordens a tempo ao mercado. Mas justamente então a rapidez é necessária, pois os negócios são realizados em frações de segundos e as diferenças de preços podem ser enormes.

6.4 Fraude ou manipulação?

Naturalmente, uma sociedade de ações não está livre de ações fraudulentas ou manipuladoras por parte dos executivos. Isso pode ser feito pelo diretor administrativo que volta e meia mete a mão no caixa, ou pode ser feito pelo presidente que se serve desavergonhadamente do patrimônio da empresa. Tais ações, contudo, são relativamente harmoniosas em relação àquilo que os acionistas tomaram conhecimento nos últimos anos.

Exemplo Enron: Até o outono de 2001, a empresa Enron era considerada como o maior comerciante de gás dos Estados Unidos. Em outubro de 2001, o sistema norte-americano de vigilância da bolsa SEC realizou investigações preliminares, nas quais se constatou que a empresa havia informado lucros superiores à realidade, na ordem de 1,2 bilhões de dólares. Em início de 2001, a empresa abriu falência, anunciando sua insolvência. Em janeiro de 2002, as ações foram retiradas do mercado. Pouco antes da falência, os executivos da empresa ainda havia se "servido" fartamente do "patrimônio" da empresa. Por meio de falsificação ativa de balanços e de manipulações, os executivos responsáveis haviam dolosamente projetado um fortalecimento da empresa, o qual, contudo, em realidade não existia. Tal colapso é especialmente difícil para pessoas que confiaram totalmente em "sua" empresa. Isso não somente pelo fato de haverem investido seu dinheiro nas ações, a fim de alcançar rendimentos mais elevados; em muitos casos, até investiram sua previdência privada em tais empreendimentos. Assim perdem tudo de uma só vez: o posto de trabalho, todo o patrimônio e a previdência na forma das participações. Assim acabam se encontrando literalmente diante do nada absoluto.

Exemplo Worldcom: Após falsificações de balanços e uma rasante queda nos preços das ações, o conglomerado das telecomunicações teve que anunciar sua insolvência em julho de 2002. Trata-se da maior falência até então na história da economia norte-americana. A empresa havia acumulado mais de 40 bilhões de dólares de dívidas nos anos anteriores. O estopim foi uma manipulação de balanço na ordem de 4 bilhões de dólares. Milhares de trabalhadores perderam seus empregos. Os credores tiveram que amargar prejuízos na ordem de 190 bilhões de dólares. O então presidente da empresa, Bernard Ebbers, foi condenado à prisão em junho de 2005, em Nova Iorque, por causa de falsificação de balanço.

Isso são somente acontecimentos que foram divulgados. A crise financeira, que agita os mercados de capital desde 2007, está presente até os dias de hoje. A favor dos executivos e conselheiros participantes se pode dizer que eles não agiram premeditadamente quando literalmente investiram sobre a areia no *Industriekreditbank* (IKB [Banco de Crédito da Indústria]) ou nos bancos estaduais e em muitos institutos de crédito o dinheiro dos investidores e não por último dos contribuintes. Isso é espantoso, porque na verdade a situação do mercado imobiliário norte-americano não deveria ter passado de forma despercebida por qualquer leitor normal de jornal. Fundamentalmente, nada se pode opor à exigência de que os compradores de imóveis fossem agregados e ofertados à venda. O risco de crédito é distribuído e muitas pessoas podem lucrar com o fato dos bancos mostrarem uma liquidez maior, podendo oferecer mais créditos em condições mais favoráveis. Só que não se deveria exagerar neste jogo, continuando a observar regras fundamentais.

Se os bancos participantes sempre transformam os créditos em certificados, formando novos pacotes a fim de vendê-los, isso inicialmente representa uma vantagem decisiva para os bancos. Eles retiraram os créditos de sua contabilidade. Por meio disso, eles também perdem o interesse próprio para ver o devedor pagar suas dívidas. Simultaneamente, eles são os únicos a terem contato direto com os clientes. Assim que os devedores não mais conseguem pagar seus empréstimos, toda a "casa de cartas" desaba e a certificação perde sua base.

Aquilo que começou em início de 2007 suscita a imagem de pedras de dominó caindo, não podendo ninguém conter a referida reação em cadeia. Certamente não se trata de fraude ou manipulação em sentido restrito. Não por último, os bancos tiveram enormes lucros com este sistema nos anos anteriores. As provisões circulavam abundantemente e de ano para ano aumentavam os lucros. Mas ninguém observava com atenção. As perspectivas de lucros estavam assentadas sobre areia, e a certificação [*Verbriefung*] não era mais do que uma fachada ilusória. A "securitização", que dava a impressão de uma aplicação segura ligada com uma avaliação favorável (*Rating*), repentinamente foi reconhecida como aquilo que era desde o início: um título de risco acompanhado de alta taxa de juros, o qual, apesar da tripla avaliação como *A-Rating* [melhor classificação], deveria fazer qualquer um ficar estupefato. A ênfase aqui está colocada no dever-fazer. Mas ninguém investigou efetivamente; todos se alegraram com os rendimentos e ninguém fez as contas de fato.

Em retrospectiva, se pode qualificar esta forma de ação como grosseiramente negligente. Quem paga a conta é o contribuinte. Isso pode se dar de forma direta por meio da intervenção do Estado, a qual ele financia com empréstimos, pois o Estado não tem capital para isso. Esse dinheiro acaba faltando em outro lugar. O pagamento também pode ser feito à medida que, por meio da contribuição dos bancos participantes, seus respectivos lucros são reduzidos. Lucros mais reduzidos significam menos impostos! Quem paga? O contribuinte! A situação é ainda mais complicada no caso das caixas econômicas [*Sparkassen*]. Por meio de contribuições obrigatórias, estas devem ajudar no saneamento de seus bancos estaduais falidos. Por fim, as caixas econômicas acabam tendo menos lucros e as caixas econômicas locais ou regionais acabam não podendo canalizar mais tantas ajudas financeiras a associações e instituições. As pessoas das comunidades percebem isso muito claramente. Por fim, quem acaba pagando a conta é o cidadão comum, participando ele ou não do negócio. Assim é perfeitamente compreensível que o cidadão, assim enganado, faça sempre mais a pergunta sobre o que, afinal, acontece com o seu dinheiro. E o investidor engajado quer saber o que as empresas fazem com seu dinheiro. Quem tira vantagem de sua aplicação? Para que finalidade o dinheiro é aplicado e, por fim, vem a pergunta decisiva: o investidor está de acordo com este uso? A aplicação dos recursos é feita segundo seu pensamento ou ela é deliberadamente desviadas dos objetivos propostos?

6.5 Para onde, afinal, vai meu dinheiro?

Para esclarecer esta questão, partirei de uma reflexão geral no campo da administração de empresas. Se algo deve ser produtivo, então o que sai deve ser maior do que aquilo que entra. A fórmula para a produtividade pode ser apresentada de modo simplificado da seguinte forma:

$$\text{Produtividade} = \frac{\text{Quantidade de ingresso}}{\text{Quantidade de saída}} = \frac{\text{output}}{\text{input}}$$

Aquilo que entra constitui os fatores de produção. Disso faz parte, por um lado, o trabalho empregado na forma de planejamento, organização e condução empresarial. Por outro lado, aqui também se subentende o trabalho direto na fabricação do produto. A isso se agregam os fatores dos meios de produção, portanto, o imóvel, prédios e máquinas, bem como os meios financeiros. Além disso, há ainda as matérias-primas necessárias para a fabricação do produto final. Estas são constituídas pelas matérias-primas brutas, pelas matérias auxiliares e pelos produtos pré ou parcialmente fabricados. Basta pensar em tudo que é necessário para fabricar um automóvel pronto; várias destas partes, como motor, peças, acentos, partes da carroceria, provêm de vários países. Um produtor de automóvel só então obtém lucros, tendo, pois, sucesso, se ele consegue vender o automóvel pronto por um preço superior ao conjunto de todos os fatores de produção. Ele objetiva uma valia a mais na forma de dinheiro, isto é, o lucro.

Até aqui está tudo bem. Com relação à bolsa de valores a mais coloca-se a pergunta se podemos considerar a bolsa como um lugar produtivo. Lá se produz alguma coisa? O que constitui ali a chamada valia a mais? Quem recebe o dinheiro que compradores e vendedores fazem circular pelo mercado? Muitos clientes acreditam que quando compram uma ação o dinheiro correspondente chega diretamente à empresa. Isso acontece somente em casos muitos raros. Na compra de uma ação na bolsa há um entendimento entre o comprador e o vendedor. Este não precisa ser a empresa, à qual se refere a ação. O lucro da venda da ação beneficia diretamente o vendedor e ninguém outro.

A própria empresa lucra somente em poucos casos na venda das próprias ações, como, por exemplo, no caso de novas emissões. Nestes casos, os proprietários originais da sociedade de ações [sociedade anônima] podem oferecer a empresa para compra por parte de um público maior. A empresa cresceu, necessita de mais dinheiro. Na medida em que os acionistas não se decidem por transformar suas ações em dinheiro e passar o restante de seus dias num iate, o capital agregado em geral é empregado na expansão e no aumento da produtividade da empresa.

Assim também acontece numa elevação de capital de uma sociedade, cujas ações já são negociadas na bolsa. Por diversos motivos, a empresa necessita de mais capital para poder crescer melhor ou para tornar as próprias ações acessíveis a um público maior. Aos antigos acionistas é dado um direito de preferência, podendo estes adquirir as novas ações diretamente da empresa. Também neste caso, o capital chega diretamente à sociedade de ações.

Na medida em que a empresa ainda dispõe de ações próprias e a assembleia geral autorizou a diretoria a oferecer estas ações ao mercado, estas ações podem ser gradualmente colocadas à disposição do mercado. Também neste caso a empresa lucra diretamente com uma elevação do preço das ações na bolsa, justamente porque se logrou obter um preço maior.

Em todos os outros casos, a empresa não tem mais nada a ver com os preços mais altos ou mais baixos na bolsa. Somente indiretamente a empresa lucra com um bom desempenho, porque isso aumenta o renome e mostra que a empresa está bem. O lucro durante as constantes negociações não atinge a empresa. As empresas não têm nenhuma influência sobre o fato de se o acionista, ao gerir lucro com as ações, se comporta individualmente de acordo com a filosofia da empresa. Isso muitas vezes é o problema no caso de aplicações financeiras sustentáveis. É possível que o acionista, por exemplo, tenha lucrado de forma desproporcional com uma ação de empresa de energia solar. Ela compra a ação por 10 euros e a vende por 100 euros, podendo dispor livremente do lucro após a dedução dos impostos cabíveis; com o lucro, ele pode comprar um carro esportivo, o qual emite mais gás carbônico do que ele ajudou a economizar com a energia solar. Se ações estão no mercado, então o respectivo proprietário pode fazer com elas o que bem quiser.

Até que ponto se lucra na bolsa? Uma elevação do preço da ação somente acontece se o vendedor efetivamente logra obter um preço mais alto pela ação. Enquanto o vendedor tiver o lucro (fictício) somente nos livros contábeis, o lucro pode evaporar de uma hora para outra. Nos últimos anos, sempre eu tive clientes que se colocaram novos objetivos sem nunca se satisfazerem e que em algum momento tiveram que correr atrás das crises repentinas. Nunca alguém foi prejudicado por levar para casa os lucros obtidos. Isso é uma verdade corporativa, que sempre é constatada por quem trabalha na bolsa: no caso de uma crise, portanto de uma queda repentina dos preços na bolsa, diz-se de forma pouco consoladora: "Seu dinheiro não sumiu; ele simplesmente encontrou outro dono".

Isso pode ser dito de forma jocosa, mas corresponde à verdade. No meu entender, a soma do capital investido e o capital objetivado é sempre zero. Na bolsa não se produz mais valia. Nós temos determinado produto, por exemplo, uma ação, à qual é atribuído determinado valor. Este valor pode aumentar ou diminuir. O último proprietário somente então terá lucro se ele novamente encontrar um comprador. Se isso não for possível, então ele nunca conseguirá transformar a ação em dinheiro. No caso menos favorável, a ação fica sem valor, como se pôde constatar nos últimos anos em exemplos bem marcantes. Os acionistas das já mencionadas empresas Enron e Worldcom receberam quase nada por suas ações.

Isso, então, não é nada mais do que uma gigante destruição de dinheiro. De fato, não se pode invejar aquelas pessoas que, como empregados, investiram toda sua previdência em tais empresas. Eles perderam o emprego, sua base de vida e todas as reservas para a idade avançada. Infelizmente, tais eventos sucedem sempre. Aqui não se pode falar de sustentabilidade – nem em sentido econômico e muito menos no sentido de uma relação sustentável com os recursos naturais.

Thomas Kohrs

7. Investimento ético

7.1 História da sustentabilidade

A "problemática" da sustentatibilidade já começa com a tentativa de explicar este conceito. No uso comum, entende-se por "sustentável" algo que dura, que existe de forma intensiva, rumo à posteridade. Para o âmbito dos investimentos, estas descrições são muito reduzidas quando se quer realmente entender o conceito. O desvio pela língua estrangeira, muitas vezes elucidativo, pouco ajuda neste particular. O conceito inglês *sustainability* não é somente de quebrar a língua, mas também permanece aberto e impreciso como o correspondente em alemão. Traduzido para o alemão, o termo inglês também significa capacidade rumo ao futuro, indicando fundamentalmente para a mesma direção. Coloca-se, pois, a pergunta pelo que significa sustentabilidade e pelo desenvolvimento próprio deste termo. É interessante ver quais foram os eventos que levaram a que este conceito esteja tão presente na consciência das pessoas hoje em dia. Assim resta ainda esclarecer ao cliente de que modo o investidor pode constatar o que é sustentável e o que não é.

Se o conceito hoje em dia é pouco claro, em seus inícios ele apresentava maior precisão. Sustentabilidade não é uma descoberta nova; o conceito já tem mais de 250 anos. Os inícios encontram-se na ciência florestal prussiana do século XVIII. As matas, originalmente existentes em profusão, eram simplesmente desmatadas para muitas finalidades. Neste período, a atividade agrícola aumentou muito, de modo que sempre mais matas eram transformadas em roças. Além disso, no início da era industrial, se necessitava de muito material comburente para aquecer os fornos.

Havia neste período também uma florescente indústria metalúrgica para a fabricação de prata. Muitas minas tiveram de ser fechadas porque faltavam as toras de madeira para fazer o vigamento das minas.

As reservas de madeira se tornaram cada vez mais escassas, dando início a uma nova maneira de pensar quanto à lide com este produto, dando inicio ao processo de sustentabilidade. Para o futuro, a economia florestal deveria fornecer uma grande quantidade de madeira e lenha, mas também manter um fornecimento constante. Por isso, por ano, não se podia desmatar mais do que crescia de modo natural.

Esta ideia da economia sustentável foi assumida pelo movimento ambientalista no final dos anos 60 e início dos anos 70 do século passado. "Os limites de crescimento" era o título do famoso relatório do Clube de Roma, depois que em 1972 aconteceu em Estocolmo a primeira conferência mundial sobre o meio ambiente. Naturalmente, muitas das suposições da época, formuladas com base em simulações de computador, hoje nos parecem anacrônicas. Por exemplo, na época, com base no desenvolvimento do ambiente, partia-se do pressuposto de uma nova era glacial. Outras ideias ainda hoje são atuais, tendo também por meio do filme "Uma verdade incômoda", de Al Gore, alcançado aceitação no senso comum.

Um avanço importante na definição conceitual foi trazido pela Comissão Brundtland, no ano de 1983. Esta comissão da ONU, sob a coordenação da primeira ministra da Noruega, Gro Brundtland, colocou outra marca importante. A comissão constituída por notáveis cunhou o termo *sustainable development* para um "desenvolvimento que satisfaz as necessidades das gerações atuais, sem arriscar que gerações não possam satisfazer suas próprias necessidades". Na edição alemã do relatório, constava o termo "desenvolvimento duradouro" [*dauerhafte Entwicklung*] como tradução para o termo *sustainable development.*

Especialmente também as catástrofes originadas pela ação da mão humana levaram a fomentar a consciência de uma lide mais sustentável, melhor e mais consciente com as reservas naturais. Os seguintes eventos podem ser claramente indicados como marcas "negativas":

- 10 de julho de 1976: na localidade de Seveso, aproximadamente a 30 quilômetros de Milão, houve a vazão, a partir do reator de uma indústria química, da substância extremamente tóxica dioxina. Milhares de pessoas tiveram sua saúde afetada; toda uma região teve que ser descontaminada. Até hoje a vegetação natural não se recompôs.

- 3 de dezembro de 1984: na cidade Bopal, na Índia, explodiu um tanque com produtos químicos em consequência de várias panes infelizes. Várias toneladas de substâncias extremamente venenosas foram lançadas na atmosfera. Milhares de pessoas morreram por causa das contaminações.

- 26 de abril de 1986: na usina atômica de Chernobyl, na Ucrânia, explodiu o reator do bloco IV. Este acidente, tido como não possível, contaminou vastas áreas da Europa. O número das vítimas diretas e indiretas não foi precisado até o dia de hoje.

- 1° de novembro de 1986: Na indústria química da empresa Sandoz, em Schweizerhallte, nas imediações de Basileia, começou um incêndio. Essa indústria química está localizada diretamente às margens do rio Reno. Junto com as águas utilizadas para conter as chamas, aproximadamente 20 toneladas de substâncias químicas muito venenosas fluíram para dentro do rio Reno. O envenenamento das águas causou grande mortandade de peixes, alastrando-se o fenômeno por centenas de quilômetros. Em consequência disso, até a Holanda não mais se podia extrair deste rio água para consumo.

- 24 de março de 1980: o petroleiro Exxon Valdez, carregado, colidiu contra um rochedo em Prince William Sound, no sul do Alasca. Do navio vazaram quarenta toneladas de petróleo, contaminando o frágil ecossistema. Até hoje as substâncias venenosas na água e no solo não foram retiradas. Se o navio tivesse uma parede externa dupla, as consequências não teriam sido tão danosas. Como consequência direta deste acidente, o governo americano emitiu uma diretriz, segundo a qual em portos norte-americanos somente poderiam atracar petroleiros com parede externa dupla.

- 1° de maio de 1995: a plataforma de petróleo reformada Brent Spa serviu até 1991 como depósito intermediário de petróleo. "Por motivos financeiros e técnicos, a empresa Shell queria afundar no mar o colosso de aço, com as 130 toneladas de lama de óleo, metais pesados e inclusive com lixo radiativo" (fonte: Greenpeace). Depois de uma campanha exemplar na imprensa, foi possível convencer os responsáveis pela empresa a mudarem de ideia e a descontaminarem em solo o gigantesco reservatório de petróleo, junto com os detritos tóxicos.

7.2 O caminho para a aplicação financeira sustentável

Justamente este último evento comprova que, ao final da década de 1980, teve início um processo de redimensionamento do modo de pensar. As pessoas nos países industrializados passaram a viver de modo mais consciente e reflexivo. Paralelamente aos "movimentos verdes", que tiveram início em quase todos os países europeus, as pessoas também começaram a refletir sobre outros temas. O que sucede com nosso planeta e como nós lidamos com os recursos naturais? Isso também trazia consigo a pergunta pelas aplicações financeiras. O que acontece com meu dinheiro? Que produtos eu adquiro e onde? Sob que condições estes produtos são produzidos?

O caminho até as aplicações sustentáveis não era mais tão longo, embora há dez anos atrás estas ainda estavam em seus inícios. O professor Dr. Johannes Hofmann, ex-professor de ética social na Universidade de Frankfurt, escreve sobre isso de forma muito plástica em seu artigo "O projeto de *rating* ético-ecológico". Segundo suas explanações, já na década de 1990, alguns banqueiros espertos se perguntavam "se não se poderia ganhar dinheiro com uma consciência ecológica". Para isso, contudo, dever-se-ia desenvolver um catálogo de critérios, o qual pudesse possibilitar a diferenciação entre os bons e os maus investimentos neste âmbito. A pergunta era se não deveria ser promovido um evento, no qual deveria ser discutida a questão se é possível com "boa consciência" – isto é, com base em critérios éticos – fazer lucros no mercado de capitais. Por conta disso, o professor Hofmann desenvolveu o chamado *Frakfurt-Hohenheimer Leitfaden* [Guia de Frankfurt-Hohenheimer], no qual estão assentados os 750 critérios para a avaliação ético-ecológica de empresas e aplicações de capital. O professor Hofmann afirma: "Partindo de um conceito de sustentabilidade eticamente expandido, o Guia de Frankfurt-Hohenheimer se baseia nas três dimensões axiológicas de sustentabilidade cultural, sustentabilidade social e sustentabilidade natural. Estas devem ser concretizadas e operacionalizadas por uma série de subcritérios.

Tal catálogo de perguntas, com mais de 750 critérios, naturalmente é algo bastante complexo e permanece o questionamento se uma empresa sempre pode responder a todas as questões com a verdade. Há o perigo de o catálogo terminar na cesta de lixo sem ser respondido, nada mais se sabendo quanto ao propósito.

7.3 Modo de procedimento e análises

Algumas empresas se dedicaram a esta problemática, desenvolvendo questionários próprios, mais simples, mediante os quais as empresas são analisadas. Assim, por exemplo, a *Oekom Research AG* [Sociedade de Pesquisa Eco-econômica S.A.], de Munique. A equipe de análise é constituída por profissionais de várias áreas. Com o apoio de um conselho independente e no contexto de uma rede internacional de peritos em meio ambiente e sociedade, são analisadas aproximadamente 750 empresas internacionais de grande porte.

Outra empresa dedicada à questão da avaliação de sustentabilidade de empresas é a entidade *Imug*, de Hannover. Desde 1999 é analisado o comportamento social e ecológico das empresas DAX-100, bem como de algumas sociedades anônimas austríacas. Analisa-se as empresas com relação a suas ações sociais nos âmbitos de emprego, formação continuada, equiparação e empreendimento (*Enterpreneurschip*). Como parceiro alemão de *Eiris* (*Ethical Investment Research Service* [Serviço de Pesquisa de Investimento Ético]), de Londres, os resultados são armazenados num banco de dados internacional, que abrange mais de 1500 empresas em todo o mundo.

Há ainda outra empresa operante na área: *Scoris GmbH*, a qual como associada da *SiRi Company* (*Sustainable Investment Research International*), representa uma parte da rede global líder sobre o tema. A *Scoris* apresenta uma pesquisa mundial sobre mais de 4.000 ações e títulos.

Mas não é somente na Alemanha que existem, entrementes, boas empresas do ramo. Na Suíça, existe o *Sustainable Asset Management* (SAM), que deve ser destacado como pioneiro na área. Ele foi fundada em 1995 e alcançou renome por meio do lançamento do *Dow-Jones-Sustainable-Index* [Índice Dow Jones de Sustentabilidade].

7.4 O princípio do melhor na categoria e os critérios de exclusão

A todas estas empresas mencionadas é comum o fato de pesquisarem em todos os ramos aquelas empresas que fazem parte dos melhores em termos de sustentabilidade. Isso segue o princípio segundo o qual é praticamente impossível encontrar uma empresa com ações totalmente sustentáveis. Se não encontrarmos nenhuma que cumpra totalmente as exigências da sustentabilidade, então certamente existem aquelas que preenchem 90 ou 95% dos critérios. Se estes dados são aplicados ao respectivo ramo, então é possível distinguir entre as empresas boas e as empresas ruins. Isso é o chamado princípio do melhor na categoria.

Naturalmente não se observa somente que as empresas respondam ao catálogo de perguntas. As respostas são comparadas com outras fontes externas, análises da mídia e opiniões de peritos dos vários ramos. Obviamente não se considera somente opiniões favoráveis, mas também as avaliações críticas, por exemplo, as opiniões da Organização Internacional do Direito do Trabalho (ILO). Entrementes, as empresas se mostram bastante cooperativas, uma vez que uma imagem positiva na opinião pública favorece a chances de venda dos próprios produtos e serviços.

Além disso, também existem critérios de avaliação e prioridade que podem levar à imediata exclusão da empresa do círculo daquelas habilitadas a receber aplicações. Neste caso, não se considera mais em que medida a respectiva empresa cumpre outras demandas em termos de sustentabilidade. Aqui se podem mencionar temas como energia atômica, desrespeito aos direitos humanos, infrações graves de padrões de direito de trabalho, trabalho infantil, produção de tabaco, álcool ou pornografia. Também este catálogo de critérios é relativamente extenso, como bem o evidencia a seguinte lista:

Critérios negativos ou causadores de exclusão no âmbito do investimento sustentável

Área de negócios controversos	Práticas de negócios controversos	Atividades controversas por parte de países
– Aborto	– Desrespeito a normas do direito do trabalho	– Pena de morte
– Produtos com alta percentagem de álcool	– Trabalho infantil	– Regimes autoritários
– Energia atômica	– Comportamento controverso em relação ao meio ambiente	– Energia atômica
– Ações biocidas	– Desrespeito a direitos humanos	– Não promover proteção ao ambiente
– Produtos em massa com teor de cloro	– Experimentos com animais	– Posse de armas nucleares
– Pesquisa com embriões	– Corrupção	– Eutanásia
– Jogos promotores de dependência	– Falsificação de balanços	– Grande corrupção
– Técnica genética com produtos vegetais	– Cartelização	– Enorme lavagem de dinheiro
– Pornografia		– Pesadas infrações a direitos humanos
– Corrida armamentista		
– Produção de tabaco		

7.5 Quadratura do círculo

Hoje o investimento sustentável é apresentado como a chamada quadratura da sustentabilidade. Orientando-se pelo triângulo mágico da aplicação financeira, o qual é determinado pelos parâmetros da segurança, rendimento e liquidez, aqui entram em cena outras condições, o investimento deve promover uma valia a mais em quatro níveis. Estes quatro níveis são: ecologia, estado social, humanidade e – e isso se deve reconhecer com alegria – economia. É um engano lamentável de muitos investidores considerarem que o envolvimento em investimento sustentável deve coexistir com renúncia a rendimento. Estas aplicações são tão rentáveis quanto os investimentos tradicionais. Isso se deve, entre outros, ao fato de que as aplicações éticas, em geral, estão menos relacionadas com escândalos.

Isso também constitui uma vantagem decisiva. É verdade que por vezes são oferecidas ovelhas negras aos investidores, mas o próprio cliente deve tomar sua decisão. Muitas vezes é de grande ajuda simplesmente fazer funcionar a sã consciência. Se uma recomendação "garante" uma remuneração em forma de juros de mais de 8%, então se deve largar mão disso. Também no âmbito da sustentabilidade vale a regra de que os rendimentos não crescem até os céus. Deve-se convir que, por vezes, o cliente individual está sobrecarregado ao ter que decidir entre uma aplicação "normal" e um investimento "sustentável". A problemática consiste no fato de que, com a grande quantidade de informações disponíveis a cada um no dia a dia, fica até difícil fazer uma escolha. Além disso, para o desenvolvimento do mercado, existem diferentes opiniões de analistas e suas avaliações podem ser muito distintas entre si. O próprio investidor, portanto, deve num primeiro momento preocupar-se com as diferentes possibilidades de aplicação. Especialmente no caso de investimento ético, ele deve recorrer à consultoria. A apresentação das duas melhores possibilidades da categoria e aplicação dos critérios de exclusão necessita de maior discussão. Muitas vezes, estas informações (ainda) não foram disponibilizadas ao mercado. Isso exige naturalmente uma maior dedicação na análise de dados, a qual, em geral, deve ser muito bem paga às agências de análise.

À medida que o cliente tiver encontrado um consultor de sua confiança, ele deve discutir com este as exigências individuais de sua aplicação financeira. Em termos básicos, o consultor já deveria dispor de uma análise técnica. Quem quiser se servir como consultor nesta área deve participar constantemente de reuniões de formação continuada. Aqui se deve destacar não somente a competência profissional da consultoria, mas também seu fundamento ético. Tente simplesmente perguntar em sua agência bancária sobre investimento sustentável. Se as respostas não lhe agradarem, continue a perguntar. Se o consultor procurar tirar você de sua posição por meio de desculpas esfarrapadas ou oferecer "produtos próprios não éticos", então é melhor você procurar outro banco. Pesquisar na internet pode ser uma boa ajuda e, muitas vezes, isso resolve questões pontuais. Uma coisa, porém, é o pressuposto maior para uma aplicação financeira ética: a transparência da forma de trabalho de todos os que administram o dinheiro.

7.6 Em defesa dos investimentos sustentáveis

Não precisamos mais discutir sobre as consequências das catástrofes climáticas. Se, no mês de fevereiro, no alto da Floresta Negra, não há mais neve, então isso significa que o clima está ficando quente. Cada pessoa nota que há mudanças no clima e que estas não são naturais.

A preservação da criação deve ser uma das tarefas principais da humanidade: mas hoje ela está mais em perigo do que em qualquer outra época. Como não podemos simplesmente voltar o tempo alguns séculos atrás, devemos encontrar uma solução com meios a nós disponíveis, com nossa racionalidade e com todos os recursos a nossa disposição. Simplesmente não pode ser o objetivo das pessoas continuar a viver do modo como vivem. Os recursos naturais são finitos. É previsível que em breve não tenhamos mais petróleo. O desperdício de gasolina assume proporções que são inaceitáveis. Um carro pode ser bonito, caro e fazer bem ao ego de seu possuidor ou motorista. Se, contudo, um carro rústico (*Geländewagen - offroad*), que originalmente é empregado para carregar os apetrechos de golfe, em velocidade máxima na autoestrada gasta 60 litros para percorrer 100 quilômetros, então para tais motoristas a gasolina ainda não está cara o suficiente. Não pode ser propósito do criador que uma pequena minoria – mesmo que bem-intencionada – desperdice os recursos deste mundo.

Neste caso, não ajuda muito se a gasolina e outros produtos combustíveis são produzidos a partir de cereais. Isso só serve para elevar ainda mais os preços de tais produtos alimentícios. Os mais pobres dos pobres são aqueles que sofrem as consequências. Alguns programas de apoio para a alimentação com cereais já tiveram de ser cancelados porque as organizações de ajuda não mais podiam pagar os elevados preços do trigo.

Assim, os desafios para o futuro já estão decididos hoje. Ninguém precisa ser um profeta se temas como produção de energia, consumo de energia, reciclagem e transformação de matéria-prima são indicados como assuntos dominantes dos próximos anos. As chamadas energias renováveis gradativamente substituirão os combustíveis fósseis, especialmente o petróleo e o gás natural. A energia solar ainda tem grande potencial de crescimento. Em viagens a outros países da Europa, eu me admiro sempre: justamente em países, nos quais há muito mais dias de sol durante o ano do que na Alemanha ou nos Alpes, portanto, em lugares como Itália, Espanha, sul da França ou Portugal, em vão se procura por coletores solares sobre os telhados.

Outro recurso natural escasso no futuro próximo é a água. Já hoje muitas pessoas que secam de sede e vastas áreas têm sua ligação com fontes aquíferas interrompidas por causa de conflitos de fronteiras. Sem água dificilmente uma planta haverá de crescer. A água é a fonte da vida. Todas as empresas que se ocupam com o tratamento de água, dessalinização e canalização de água terão grandes chances de futuro. Nisso está pressuposto que os dirigentes destas empresas estabeleçam de forma adequada os parâmetros para o desenvolvimento futuro. Há suficientes pedras de tropeço que podem fazer terminar no beco o promissor caminho do progresso. Neste sentido, os dirigentes responsáveis têm uma grande responsabilidade. Esta também implica assumir riscos para desenvolver técnicas inovadoras para o futuro. As empresas não devem desistir diante de dificuldades, mas também não se podem deixar cegar pelo poder do dinheiro. Não por último, a responsabilidade consiste em resistir à tentação de vender a empresa para aquele que oferecer mais, trocando a vida empresarial rica em desafios por uma vida tranquila em algum lugar ensolarado. Já houve muitas situações em que empresas com potencial de futuro foram compradas, suprimindo suas tecnologias avançadas simplesmente com o objetivo de assegurar às grandes empresas seu poder no mercado.

Felizmente, no âmbito alemão, o número de fundos de investimento sustentáveis subiu para mais de 180 com um volume de 27 bilhões de euros. Este desenvolvimento é salutar e o crescimento do volume é sinal para o interesse dos investidores. Mas, também aqui, o nervosismo do mercado [*Börsenflaute*] não passou sem deixar marcas. Ao final do ano de 2007, o volume estava na casa dos 33,6 bilhões de euros. Mas os fundos líderes do setor somente perderam no nível unitário da percentagem, ficando em melhor posição no âmbito das aplicações de longo prazo do que as aplicações convencionais em ações.

Também o Índice de Sustentabilidade [*Nachhaltigkeitsindex* = NAI] de maior sucesso no mundo, isto é o alemão *Naturaktienindex*, espelha este sucesso. O NAI estipula critérios muito rígidos, tendo sido constituído em 1977. Nos onze anos de sua existência, ele conseguiu elevar seu valor em quase 450%. Com isso, ele é líder no setor. Contudo, os investidores não deveriam se alegrar somente com os lucros, mas também com as possibilidades de poder influenciar os desenvolvimentos ecológicos e econômicos nas empresas.

7.7 Assumir responsabilidade

A responsabilidade por uma empresa não cabe somente aos executivos das empresas, mas também aos proprietários "em cada posição". Enquanto o fundador original da empresa ainda dirige os negócios, ele próprio terá interesse em fazer prosperar seu negócio, desenvolver técnicas inovadoras e alcançar um verdadeiro progresso. Na medida em que os fundadores de empresas entregam a responsabilidade de suas empresas a executivos, que não mais estão afinados com os ideais originais da fundação, a empresa entra em nova fase. Os novos dirigentes ou executivos são "somente" empregados da empresa e essencialmente são cambiáveis. As novas filosofias de administração de empresas são pensadas independentemente dos objetivos das empresas em particular. Tanto faz em que área a empresa opera. Cada empresa é subordinada à opinião dominante do conselho deliberativo da empresa. Aquilo que a empresa vai fazer, o que vai produzir, como vai se apresentar no mercado, quantos empregados terá, isso será somente ainda subordinado à maximização de lucros.

Mas também o acionista individual é proprietário e deveria estar consciente da responsabilidade daí decorrente, comportando-se de modo adequado. Disso faz parte a preocupação por seu patrimônio, promovendo as devidas discussões. Um ponto muito importante é a participação na assembleia geral. Aí o acionista pode saber em primeira mão o que aconteceu com a empresa nos anos passados. Também o planejamento para o futuro próximo e o estabelecimento de estratégias para os próximos anos são questões tratadas em uma assembleia geral. Infelizmente, porém, é assim que a presença do capital com direito a voto nas assembleias vai se tornando cada vez menor.

Uma das razões para isso é que nos anos passados havia muito menos ações espalhadas. Os bancos e as seguradoras, que administravam conjuntos de pacotes de ações para seus clientes, representavam os clientes também nas assembleias gerais. Com isso, eles podiam prover a presença de grande número percentual dos proprietários na assembleia geral. A isso se agrega o fato de que, por determinação legal, o chamado depósito de direito de voto foi limitado a partir de 1994. Antes o titular do direito de voto podia facilmente transferir seu direito de voto para o instituto de crédito no qual tinha sua conta.

Além disso, para os acionistas muitas vezes não é fácil assumir sua responsabilidade. Em geral, o acionista individual detém somente uma pequena parcela do patrimônio da empresa, e também é difícil deslocar-se aos lugares das assembleias gerais, que acontecem em todas as partes do país. Também há os custos, devendo-se agregar – isso infelizmente deve ser dito – que as reuniões não são exatamente cativantes. Em geral, elas são demoradas. De acordo com o programa e o tamanho da sociedade, uma assembleia geral pode durar um dia inteiro. Certamente os acionistas recebem alimentação, mas muito mais do que salada de batata e salsichas em geral não há no cardápio.

E também não é coisa para qualquer pessoa simplesmente levantar numa sala com, por vezes, milhares de pessoas, tomar a palavra e fazer perguntas críticas à diretoria ou ao conselho. Muitos investidores fazem então a pergunta: o que pode mudar um pequeno investidor? Afinal, ele é somente "um grão de areia no deserto". Assim, esperam que os executivos façam a coisa certa. Se, contudo, observarmos que nas assembleias gerais das grandes empresas DAX dificilmente estão presentes mais do que 40% do capital assinado, então isso é mais do que questionável. Por meio disso, aumenta o perigo de haver decisões casuais, que por vezes podem estar diretamente dirigidas contra os interesses dos acionistas minoritários.

7.8 Possibilidades de exercer influência

Fiel ao velho preceito de que também o maior oceano se compõe de muitas pequenas gotas de água, há muitas organizações que querem possibilitar ao pequeno acionista sua devida locomoção à assembleia geral de uma grande empresa. Confúcio já havia constatado que o homem que transpôs uma montanha começou com uma pequena pedra.

Justamente, tendo em vista a necessidade de "transformações nas cabeças", é necessário haver uma maior presença do capital com direito a voto nas assembleias gerais. Se o objetivo é fomentar uma forma de produção sustentável nas empresas, é necessário articular isso em voz alta. Enquanto uma maioria que quer ver realizado o princípio da sustentabilidade não faz isso, mas silencia, subordinando-se à opinião dos que pensam de forma diferente, estes encontram meios para dar voz a suas ideias – mesmo sendo minoria.

As próprias empresas têm interesse em que haja muitos acionistas com direito a voto presentes nas assembleias gerais. Por isso as empresas promovem campanhas próprias para motivar os investidores a darem seu voto. Em geral, nas páginas de internet das respectivas empresas, constam todas as informações importantes sobre as assembleias gerais, bem como sobre os formulários e as recomendações para o voto. Isso inclui naturalmente a indicação dos horários das assembleias, bem como os locais para sua realização. No desenrolar da assembleia do ano, em geral, também já são informados os dados principais para o ano seguinte. Há, pois, um tempo de preparo de um ano!

Informação

Os acionistas também podem intervir diretamente:

- Entrementes, todas as grandes empresas já organizaram a possibilidade de os acionistas darem seu voto pela internet antes da realização da assembleia geral. Isso naturalmente diminui a possibilidade de mudar sua opinião ou de reagir a desenvolvimentos atuais no local da assembleia, mas é melhor do que nada.
- O acionista ainda pode dar uma procuração a seu banco, mas deve explicitar exatamente a finalidade, não podendo mais dar uma procuração geral para o exercício do voto. Para cada ponto da ordem do dia, deve dar uma orientação específica. Isso é dispendioso para todos os envolvidos, mas assim o acionista está representado.
- Há todo um conjunto de instituições que assumem o direito de voto dos acionistas, como, por exemplo, na Alemanha, a Associação de Proteção dos Proprietários de Títulos de Valores ou a Associação de Proteção dos Investidores de Capital.

Além disso, nos últimos anos, foram se desenvolvendo sociedades representativas de interesses, que observam o caráter sustentável da aplicação financeira, procurando verificar os aspectos sociais, éticos e ecológicos dos negócios do agente e das empresas. Estas estão reunidas de modo federativo na Federação de Acionistas Críticos, com sede na cidade de Colônia, Alemanha. Como exemplo, pode ser mencionada a Fundação *Comundialis*, também com sede em Colônia, a qual com sua oferta de mediação justamente busca possibilitar a realização dos objetivos dos acionistas eticamente corretos. Não há, pois, limites para as possibilidades de engajamento e de defesa dos pequenos acionistas. Basta querer.

Thomas Kohrs

8. Regras básicas para a consultoria

Numa conversa de consultoria se deve observar fundamentalmente o seguinte: basicamente se deve querer tê-la. Se o objetivo é que a consultoria tenha sentido e sucesso, necessariamente deve haver abertura de ambos os lados. Também outros fatores, como lucidez e humildade, são importantes.

8.1 Abertura

Inicialmente, o consultor e o cliente devem se relacionar de forma franca. A isso se acrescenta que as perguntas devem ser feitas de forma exata e precisa. Acontece, por vezes, de clientes ou interessados telefonarem simplesmente para saber a taxa de juros. A pergunta é mais ou menos a seguinte: "Eu gostaria de aplicar 10.000 euros. Qual é a taxa de juros que o senhor oferece?" Isso é, mais ou menos, o mesmo que um cliente entrar numa loja de artigos esportivos para comprar tênis. Qual tênis? Para o ginásio de esportes ou para esporte ao ar livre? Para ginástica, futebol, handball, vôlei ou somente para "correr"? Onde você costuma correr? Num parque de corrida ou num caminho asfaltado na floresta? Você corre atravessando o campo ou corre numa estrada? Qual é seu peso? Quanto você corre por semana?

O objetivo deste exemplo é mostrar que não se pode responder de forma simples à pergunta aparentemente simples pela taxa de juros. Como já foi explicitado no capítulo 4, há três princípios para a aplicação de dinheiro: segurança, rendimentos e liquidez. Em minha opinião, se deveria agregar um quarto princípio: a pergunta pela sustentabilidade ou pela ética.

Estes princípios se concretizam nas exigências individuais dos clientes. Por quanto tempo o cliente deseja aplicar o dinheiro? O que espera obter em termos de rendimento? No caso de alguma aquisição, será necessário recorrer ao dinheiro aplicado? Deseja alcançar algum objetivo específico em termos de poupança com esta aplicação? A aplicação servirá para algum objetivo especifico, como a aquisição de um veículo ou a compra de um imóvel? Deve haver uma economia para um determinado momento ou o valor a ser aplicado pode ser debitado na conta? Também a pergunta pelo ônus tributário pode ser importante. Assim, há muitas questões, cujas respostas devem ser muito bem pensadas. Por fim, o cliente deveria discutir com o consultor sobre as diferentes possibilidades.

Também há temas difíceis, com relação aos quais muitas pessoas não dão respostas ou as dão de modo insatisfatório. Aí se inserem as perguntas pelo salário mensal e pelo montante do patrimônio. Com a ajuda destas respostas, um bom consultor pode avaliar se o perfil de risco pessoal do cliente é muito alto ou muito baixo. Se apesar de salário baixo, muitas responsabilidades e pequeno patrimônio, o cliente quiser apostar tudo numa ficha, então um bom consultor deve não somente advertir o cliente antes de dar o passo, mas também procurar dissuadi-lo do mesmo.

Um exemplo pode esclarecer melhor a questão. A resposta preferida de muitos de meus clientes à pergunta por sua relação com a aplicação de dinheiro é: "conservador". Isso é uma espécie de caminho do meio-dourado, nem quente nem frio, mas antes morno. Nisso pode haver grandes diferenças: suponhamos que eu tenha dois clientes que tenham dado esta mesma resposta. Um dos clientes é um senhor aposentado, de 64 anos de idade, com rendimentos acima do necessário para seu sustento e o de sua esposa; ele tem casa própria, 150.000 euros como aplicação financeira, além de alguns imóveis de aluguel e nenhuma dívida. O objetivo da aplicação é economizar no pagamento de impostos. O outro cliente é uma viúva de 73 anos, que mora de aluguel, recebe somente uma pequena pensão, que dá o suficiente para manter o orçamento doméstico, o qual é apertado justamente por causa dos custos com o aquecimento. Ela precisa dos juros de sua caderneta de poupança de 40.000 euros para seu sustento. O objetivo da aplicação é economizar em impostos. Ambos os clientes são conservadores em sua avaliação quanto à disposição de enfrentar riscos.

É óbvio que a resposta para os dois investidores não pode ser a mesma. Seria negligente por parte do consultor fazer à senhora mais idosa a mesma proposta na estrutura da aplicação financeira feita ao senhor aposentado mais novo. Mesmo tendo orientação conservadora, a pessoa aposentada que recebe aposentadoria pode apresentar um risco maior do que a viúva, que necessita de cada centavo para viver. Esta necessita especialmente de conselhos sobre como futuramente pode pagar menos impostos a fim de que seus proventos estejam assegurados. O aposentado não tem tanta necessidade disso, mas pode da mesma forma, por meio de uma acertada escolha dos títulos de valores, minimizar o pagamento de impostos. A isso se agrega que a atenção do consultor deve ser maior para com a senhora idosa. Para ela é importante manter o patrimônio, aumentado o rendimento de seu capital. O aposentado com bom patrimônio não depende dos rendimentos de suas aplicações para seu sustento mensal, podendo perfeitamente enfrentar um ou dois anos "mais magros".

Se os clientes, todavia, não apresentam ao consultor a sua real situação em termos patrimoniais e de receitas, então não é de admirar que se chegue a recomendações e decisões errôneas. Neste caso, não se deve admirar que seja proposto um caminho errado.

8.2 Confiança

Todas estas conversas pressupõem confiança. O cliente deve depositar certa medida de confiança no consultor. E o consultor deve confiar no cliente, esperando que ele lhe informe suas decisões e posições fundamentais. Com relação ao consultor, é desejável que este tenha competência profissional e capacidade de empatia.

A partir de muitas conversas pessoais com participantes em palestras em curso de formação e de consultoria financeira, eu sei que muitas vezes falta justamente esta base de confiança. Nos últimos anos, aumentou bastante a chamada pressão corporativa nos bancos. Os consultores são obrigados a vender aos clientes determinados produtos da própria instituição, custe o que custar. Tanto faz se uma cliente de 82 anos de fato necessita de um contrato de poupança imobiliária; ele simplesmente é vendido. Por que também não vender logo um seguro de vida para um homem solteiro, com 40 anos, sem dependentes? Há muitos exemplos para tais procedimentos. Na média, as notícias sobre tais práticas são cada vez mais comuns. Isso é um sinal inequívoco de que em alguns bancos há coisas erradas na consultoria aos clientes. Infelizmente, isso provoca ausência de crédito em toda uma categoria profissional. Trata-se também de minha profissão. Eu gosto de fazer o que faço e vejo em minha atividade uma ajuda e apoio importante para as pessoas.

Cresce a consciência de que os consultores nem sequer mais têm o tempo necessário para uma boa conversa com seus clientes. Eles estão obrigados a vender determinado produto da forma mais rápida possível. Tempo é dinheiro; o negócio deve ser realizado em 15 minutos, pois o próximo cliente já espera. Isso parece ser consultoria ao cliente como em linha de montagem; é a industrialização da prestação de serviço.

Muitas vezes, os empregados dos bancos, já de manhã, no início do expediente, recebem a orientação sobre os produtos a serem vendidos ao longo do dia – seguros, aplicações de poupança imobiliária, os novos fundos de investimento e isso tudo da maneira mais rápida possível. Além disso, devem obedecer às novas regras europeias com relação à consultoria em termos de "investimento e direito de investimento". Isso justamente é a quadratura do círculo; simplesmente é impossível. Um dos participantes de meu seminário constatou laconicamente quando tratamos da questão da ética na consultoria: "eu trabalho numa agência financeira; eu simplesmente tenho que mentir!". Por mais verdadeira que seja esta constatação, isso não a tornará melhor. Não é triste o suficiente que não somente os bancos com atuação internacional estejam perdendo cada vez mais a necessária confiança. Infelizmente, alguns bancos vivem de um lema, que na verdade é uma ironia: "Negociar é a arte de passar o cliente para trás, que este entende o possível atrito como o calor do ninho".

Eu só posso aconselhar um cliente a se ocupar intensamente com o tema da aplicação financeira. Se você não tem confiança no consultor, então expresse isso claramente. Trata-se de seu dinheiro se uma aplicação não transcorrer do jeito que você havia imaginado.

Outra coisa também é importante. O cliente deveria saber que uma boa consultoria também tem seu preço. Muitas pessoas dizem que "aquilo que não custa nada também não vale nada". Em tempos de contas correntes gratuitas e grandiosas promessas de juros, os bancos devem ver como conseguem ter seus lucros de outra maneira. Toda oferta tentadora tem seu problema e no final é o cliente que paga a conta. Assim seria mais correto se, desde o início, o cliente estiver disposto a pagar o devido preço por uma boa consultoria.

8.3 Perguntar, perguntar e perguntar

Numa conversa de consultoria, você deve fazer sempre mais perguntas. O consultor obviamente também deve fazê-lo. Uma boa conversa de consultoria pode ser reconhecida quando o consultor faz as chamadas perguntas abertas. Estas são perguntas, às quais não se pode responder simplesmente com um sim ou um não. Portanto, a pergunta não pode ser assim: "Você gostaria de aplicar num fundo de ações?", mas: "Que tipo de aplicação você prefere para si mesmo?". Quanto mais perguntas abertas forem feitas para você, tanto melhor é a conversa e, com isso, também o resultado. Se o consultor somente quiser convencer você com afirmações do tipo que o produto X ou Y é o melhor (obviamente da própria empresa) e que sabe isso muito bem, então você pode reconhecer facilmente o verdadeiro motivo por trás da sugestão.

Faça perguntas se você não tiver entendido alguma coisa. Você deve fazer isso especialmente quando, depois de três minutos, os termos técnicos em inglês dominam completamente a conversa. Peça que o consultor lhe explique as conexões. Se você perceber que o consultor não está em condições de fazer isso, continue a perguntar. Se ele lhe ficar devendo várias respostas, é hora de você solicitar atendimento por outro consultor ou talvez até procurar outro banco. Isso naturalmente deve ser o último caminho.

Dica

Em caso de perguntas pelos custos de uma aplicação, sempre se deve perguntar por ou remeter para as regras do MIFID. Já é suficientemente lamentável se é o cliente que deve fazer isso. Em si, o banco é obrigado a indicar os custos de uma aplicação. Indicar as regras muitas vezes provoca milagres, uma vez que todo consultor sabe que é sua obrigação fazer isso. Ele certamente não se atreverá a fazer falsas indicações ao cliente. Cada detalhe, cada taxa ou reembolso, deve ser apresentado claramente!

Fundamentalmente, vale o seguinte: não existem perguntas idiotas, mas somente respostas idiotas.

8.4 A justa medida

Muitas vezes, nas conversas de consultoria, chama atenção que as pessoas perdem "a justa medida". Muitos clientes reivindicam para si um "direito subjetivo" à melhor consultoria ou ao melhor atendimento, mas não estão dispostos a fazer sua parte para isso. Naturalmente existem muitas ofertas de bancos virtuais, com os quais o Banco Popular ou as Caixas Econômicas, em cada esquina, não podem concorrer. Não é coisa para qualquer pessoa ficar se comunicando com um computador. Quem já fez uma ligação para um *callcenter* [centro de atendimento telefônico] e sempre é transferido para outro atendente tem todos os motivos para passar raiva. Se há a possibilidade de fazer uma boa conversa de consultoria com um consultor de sua confiança, então também você deve valorizar isso.

Na aplicação financeira, acontece seguidamente que se necessita de uma resposta rápida, preferindo falar com determinado consultor no banco. Se este estiver em férias ou ausente por algum outro motivo, querer-se-á o mais rapidamente possível encontrar outro interlocutor alternativo. O pessoal de um banco custa dinheiro, também a filial na esquina, a infraestrutura, tudo isso está ligado com recursos financeiros. As taxas de juros, em parte utópicas, não podem ser pagas por qualquer banco. Isso deve ficar claro para o investidor se ele preza o banco da esquina, mas constantemente recorre às condições mais favoráveis de outras casas financeiras.

Também e especialmente na consultoria de crédito, há situações que exigem uma consultoria profissional durante o período do empréstimo. Especialmente no caso de financiamentos de longo prazo para imóveis, alguns ajustes podem ser necessários. Certamente será um sofrimento em tais situações negociar via internet. Os bancos virtuais estão programados para situações padrão: somente muitos procedimentos iguais possibilitam uma oferta barata. O cliente é visto somente como evento e não mais como indivíduo. A reivindicação do cliente é normatizada, sendo ajustado para um padrão, e, por fim, termina numa gaveta. Mas quem gosta de ser guardado numa gaveta? Aí não há mais lugar para questões individuais. No final das contas, o cliente acaba pagando mais do que se tivesse ido logo a seu banco usual.

Considero como sendo uma falta de consideração, e isso tem a ver com ética na consultoria, se clientes vão a uma agência bancária, colhem uma série de informações e, por fim, diante de um computador em sua casa, usam o conhecimento adquirido para fazer transações mais favoráveis com um banco virtual. Aqui se deve perguntar se não é o consultor quem está sendo explorado. No caso de um advogado ou de um notário, é óbvio que o cliente deve pagar pela consultoria, e isso independentemente se o procedimento iniciado chegará ou não a prosperar. O mandante participa do conhecimento, portanto deve saber que deverá fazer determinado pagamento pela prestação de serviço.

8.5 Inteligência, sabedoria e modéstia

Inteligência e sabedoria são virtudes fundamentais na atividade econômica. A estas duas virtudes, eu ainda quero acrescentar uma terceira, a modéstia. Na maioria das vezes, nas atividades econômicas de hoje, a modéstia não está mais tão presente. Isso vale para a modéstia em relação às reivindicações dos outros, para a "modéstia na avaliação das próprias capacidades" e para a modéstia na autoapresentação. Também em relação à expectativa de juros e rendimentos, a modéstia é uma boa característica. Não há aplicação segura que tenha liquidez imediata e que ainda apresente 3% de rendimento acima do nível de mercado após a dedução dos impostos.

Sempre a gente encontra nos bancos pessoas que buscam consultoria, mas que se supervalorizaram em suas possibilidades ou que estão presas às expectativas de maximização de lucros. Muitas vezes, tais pessoas procuram ajudam num momento em que já é tarde para qualquer tipo de ajuda; há muito tempo a criança já está caída no poço! Até há pessoas que deveriam dispor de algum conhecimento técnico e tomam decisões de investimento que retrospectivamente se evidenciam como errôneas.

Se de um total de dez possibilidades de investimento em participações e em imóveis sete são remuneradas com baixos rendimentos ou até oito não oferecem rendimentos satisfatórios, então certamente foram cometidos vários erros por ocasião da decisão de investimento. O trágico, em tais transições, muitas vezes é que a própria casa ou o apartamento foi dado como garantia do negócio. Por isso é tanto pior que, num determinado momento, os bancos não mais conseguem segurar o negócio, recorrendo na pior das hipóteses à penhora e ao leilão. Além de passar muita raiva, tais investidores acabam ainda perdendo as últimas economias. Muitas vezes, tais pessoas dependem da ajuda do poder público, mas estão completamente endividadas. Certamente haviam imaginado diferente sua vida na terceira idade.

Um exemplo típico de investimentos errôneos foi as aplicações em imóveis nos cinco novos estados da República Federativa da Alemanha após a reunificação. Aí houve não somente a atuação de muitos cidadãos alemães, mas também de estrangeiros. Na época, se fazia a promessa de rendimentos gloriosos, com garantia de aluguéis, sem risco, totalmente seguros. No entanto, ao observar melhor os negócios, qualquer pessoa deveria ter percebido os riscos. Em regiões de localização privilegiada em áreas metropolitanas como Düsseldorf, Viena, Munique ou Zurique, na época, uma casa nova e realmente boa já custava o equivalente a 2.000 ou 2.500 euros por metro quadrado. Em regiões muitos mais distantes como Dresden, Halle ou Leipzig já se pagava mais do que 3.500 euros por uma casa similar. Fazendo a relação entre as duas situações, já o mínimo de bom-senso deveria indicar que alguma coisa não estava bem naqueles negócios. Atraídas por perspectivas de lucro e incentivos fiscais totalmente extrapolados, as garantias de aluguéis e subvenções já estavam incluídas no preço de compra.

Também as moradias para estudantes em prédios de andares muitas vezes também eram demasiadamente elogiadas nas ofertas de negócios. Ruim no negócio é se a universidade mais próxima está localizada a 50 quilômetros e se, nas imediações desta, há oferta de moradias mais baratas. Muitos investidores depositaram demais confiança em tais transações. Para a compra de uma cafeteira nova, se costuma fazer comparação de preços durante vários dias, telefonando para várias lojas ou até mesmo se deslocando até lá – não se levando em conta que se acaba gastando uma pequena fortuna em combustível. Mas, no caso de um imóvel, o qual só se compra uma ou duas vezes na vida, muitas vezes se dá crédito a um "vendedor", por vezes nem olhando de perto o referido imóvel.

Justamente este é o ponto ao qual eu me refiro sob os termos inteligência e sabedoria, e isso não tem nada a ver com alto quociente de inteligência ou com postura intelectual. No caso de algumas decisões de investidores, eu tenho a impressão de que não se trata de decisões racionalmente pensadas, mas de decisões tomadas de forma errada, exclusivamente em função da ganância pela oferta. No caso de promessas de rendimentos, que estão em posição bem elevada nos números decimais, ou que oferecem mais de 100% de rendimento ao ano, a pessoa deveria acender logo a luz de alerta. Ninguém tem dinheiro para dar e ninguém dá algo ao investidor sem uma contrapartida. Esta experiência deveria ser sempre bem considerada!

Thomas Kohrs

9. Perguntas frequentes sobre aplicação financeira

POR QUE AUMENTAM OS ÍNDICES SE OS JUROS CAEM E POR QUE CAEM OS ÍNDICES SE OS JUROS SOBEM?

Tomemos o seguinte exemplo: o investidor Henrique Meier faz uma aplicação em 1° de julho. Com uma taxa de juros de 4% e um tempo de duração de 4 anos, ela corresponde exatamente ao rendimento do mercado. A aplicação é bem avaliada, tendo um bom *rating*. O índice equivale a 100%; com isso, o rendimento está aproximadamente em 4%. O Sr. Meier objetiva manter a aplicação até o final do contrato e investe 10.000 euros. O cronograma da aplicação é mais ou menos o seguinte:

1º julho	Após 1 ano	Após 2 anos	Após 3 anos	Após 4 anos
Aplicação	1ª data para pagamento de juros	2ª data para pagamento de juros	3ª data para pagamento de juros	4ª data para pagamento de juros
Investimento de 10.000	Pagamento de 400 euros	Pagamento de 400 euros	Pagamento de 400 euros	Pagamento de 400 euros e devolução de 10.000 euros

A vida, contudo, muitas vezes faz as pessoas passarem por situações imprevistas, dificultando as reflexões iniciais. A situação financeira do Sr.

Meier sofre alterações. Ele necessita urgentemente de dinheiro e deseja resgatar a aplicação. Após um ano de duração, portanto em 1° de julho do ano seguinte, ele deseja vender o título da aplicação na bolsa. Ele o oferece a potenciais compradores. Infelizmente, no período houve mudanças na taxa de juros. Para uma aplicação de três anos (um ano da aplicação original de 4 anos já se passou), agora se pagam 5% de juros. A taxa de juros, portanto, subiu.

O Sr. Meier oferece o título de sua aplicação no mercado (portanto na bolsa). A aplicação tem uma taxa de juros nominal fixa de 4%. No período, a avaliação da aplicação não sofreu alterações. Ela tem ainda um tempo de duração de 3 anos. Por isso os interessados na compra lhe dizem: "Por que eu deveria comprar uma aplicação que paga somente 4%. No mercado, eu recebo 5% ao ano por três anos!". E aí vem a frase decisiva: "Eu até compraria a aplicação do senhor, mas aí o senhor deveria vir a meu encontro quanto ao preço". A questão é somente: qual é o preço deste "vir ao encontro"?

Os juros de mercado equivalem no momento a 5%, mas a aplicação do Sr. Meier paga somente 4% ao ano. Portanto, a desvantagem em termos de juros é de 1 por cento ao ano. No tempo de duração restante, isto é, de 3 anos, acaba havendo uma desvantagem de 3%. 100 menos 3 dá 97, neste caso em percentagem. Portanto, o Sr. Meier poderá vender seu título no mercado por 97%. Os possíveis investidores podem compensar o prejuízo da taxa de juros nominal por meio da vantagem do índice, pois ao termo da aplicação poderão resgatar 100% da aplicação.

O mesmo vale para o caso inverso. Tomemos a mesma situação como ponto de partida, somente com a diferença de que os juros não subiram, mas caíram para 2,5%. O Sr. Meier está agora claramente numa situação melhor quanto à venda. Muitos investidores querem comprar sua aplicação, a qual tem uma remuneração de 1,5% a mais por ano do que outras aplicações similares com três anos de duração. A vantagem de juros é de 1,5% pelo tempo restante da aplicação. Em três anos, há uma vantagem de 4,5%. Portanto, o Sr. Meier poderá vender seu título por 104,5%.

A regra é a seguinte:

Se os juros caem, aumenta o índice, ou

Se os juros sobem, cai o índice.

POR QUE SOBEM OS ÍNDICES DAS AÇÕES QUANDO CAEM OS JUROS?

Para o investidor normal, não há muitas alternativas em termos do que fazer com seu capital. Em geral, ele tem interesse em obter juros elevados com riscos previsíveis. Mas o dinheiro não deveria ser aplicado de forma tão sedimentada, impedindo o acesso ao dinheiro em caso de alguma necessidade. Com isso, todas as aplicações financeiras disponíveis concorrem na conquista do cliente. Quanto maior for a remuneração de juros de uma aplicação sem risco, tanto menor é a tendência de um investidor de por causa de 1 ou 2% assumir um risco incalculável. Com uma aplicação de renda fixa com promessa de juros de 6%, diminui a disposição de trocar por uma aplicação com rendimento calculado de 8% no âmbito de ações. Se, contudo, diminuírem os juros, a diferença entre estes dois âmbitos se torna sempre maior. A vontade de escolher a aplicação em ações tenderá a ficar maior quando a taxa de juros for menor. Por isso a queda dos juros sempre dá asas à fantasia do investidor, querendo voltar para a aplicação em ações.

A isso se agrega o fato de que no caso de juros em queda aumenta a disposição dos empresários de investir mais. Os custos do capital diminuem, o dinheiro fica mais barato e os empresários investem em novas máquinas, melhores equipamentos, novas bases de produção e – infelizmente – também em medidas de racionalização da produção. Com isso, diminuem os custos de produção, aumentando os lucros, portanto também as perspectivas de lucro dos acionistas, portanto dos proprietários da sociedade de ações.

Somente a ideia de lucros crescentes faz com que mais pessoas prefiram comprar ações ao invés de vender. Com isso, o preço das ações acaba subindo, atraindo mais compradores. A isso se agrega o fato de que no caso de lucros em crescimento, em geral, também aumentam os dividendos, isto é, as distribuições de parte dos lucros. Isso é decisivo para os rendimentos de dividendos, decidindo, portanto, a questão de quanto o investidor ganha por seu capital investido.

POR QUE SOBEM OS ÍNDICES SE OS NÚMEROS DOS DESEMPREGADOS SOBEM?

Esta pergunta é uma das questões emocionais mais difíceis, embora ela possa ser respondida de forma objetiva e simples. As seguintes interrelações são apresentadas de forma muito simplificada, mas procuram explicitar o complicado jogo de distintos fatores.

Na produção, o fator trabalho é um componente causador de custos. Assim como em relação aos outros fatores de produção, isto é a matéria-prima e o capital, o empresário procurará manter este componente com o menor custo possível. O mercado de trabalho não é outra coisa do que um lugar no qual as pessoas oferecem sua força de trabalho e os empregadores compram esta força de trabalho. Se muitas pessoas não têm trabalho, havendo, portanto, concorrência por poucos postos de trabalho, o preço da força de trabalho tenderá a cair. Sempre haverá pessoas dispostas a trabalhar por um preço menor, porque necessitam do dinheiro de forma mais urgente do que outros.

Se, portanto, o número de desempregados é elevado, então diminui o preço pela prestação de trabalho e isso até o momento em que outras instituições procurarem corrigir as injustiças por meio de intervenções no mercado. As tentativas de introduzir salários mínimos mostram o quanto são difíceis tais medidas, no sentido de criar relações mais justas. Se para o empresário o preço – fixado pelo Estado – for alto demais, certamente buscará não mais contratar tal mão de obra. Isso significará que ele renuncia a investimentos feitos ou demite parte dos trabalhadores contratados. No efeito final, isso não beneficia a ninguém.

Este efeito pode ser percebido muito bem em outros produtos. Para cada pessoa deveria estar claro que o preço de 0,85 centavos por um litro de leite é muito barato. O agricultor, como produtor, dificilmente ganha com isso mais do que os custos de produção. Se o governo fixasse o preço do leite em 1,50 euros, isso não teria como consequência que todos os agricultores recebessem um preço maior pelo leite. Pelo contrário, a procura por este produto cairia muito, porque muitos consumidores não estariam em condições de pagar tanto dinheiro por este produto.

Uma situação inversa foi experimentada nos últimos 20 anos no âmbito dos custos da telefonia. Antigamente os serviços telefônicos eram oferecidos exclusivamente por meio de monopólios, como, por exemplo, por meio da *Bundespost* [Correio Nacional], na Alemanha. Após a privatização e do livre acesso ao mercado por parte de outras empresas do setor, telefonar ficou mais barato. A isso ainda se acrescentou o desenvolvimento tecnológico no âmbito da telefonia celular. Hoje o telefone celular é um produto de massa, entre outros motivos também porque os preços de seu uso caíram muito.

Mas voltemos ao tema propriamente dito. Se a taxa de desemprego for muito alta, os governos e os bancos centrais procurarão manter os juros baixos a fim de animar os empresários a fazer investimentos, tirando, com isso, mais pessoas desempregadas das ruas. Juros mais baixos, porém, constituem uma boa razão para os investidores de capital preferirem fazer investimentos em ações do que em fundos de renda fixa ou em poupança. Assim, portanto, sobem os índices das ações.

POR QUE SOBEM OS ÍNDICES SE UMA EMPRESA ANUNCIA DEMISSÕES OU ALOCAÇÃO DE PRODUÇÃO NO EXTERIOR?

Em termos de conteúdo, este fenômeno está relacionado com as questões anteriores. Se uma empresa anuncia demissões, ela não promete outra coisa do que redução de custos. Em algum momento, custos menores provocam aumento nos lucros. Estas perspectivas de lucros maiores animam a fantasia dos investidores, animando-os a comprar ações. Infelizmente, com isso, não tem mais validade o pressuposto de que uma empresa é forte e poderosa se tiver muitos empregados. Decisivos são os custos que estes trabalhadores originam.

Infelizmente, é uma realidade que nas contas da administração de empresas as pessoas somente aparecem ainda como um componente de custo. Infelizmente também é assim que, em geral, um trabalhador asiático custa bem menos do que um trabalhador na Áustria, na Suíça ou na Alemanha.

POR QUE SOBEM OS ÍNDICES DE UMA SOCIEDADE SE A RETROSPECTIVA É RUIM, MAS O PROGNÓSTICO É BOM?

Na bolsa de valores, se atende especialmente à fantasia das pessoas. Os números ruins facilmente desaparecem, como a neve ou a chuva de ontem, não interessando mais a ninguém. Como os números ruins dificilmente podem ser mantidos em segredo, eles costumam ser conhecidos, já estando integrados no índice, isto é, no preço das ações [em alemão, usa-se a expressão *eingepreist* = incluído no preço]. Se uma empresa consegue anunciar novidades, como uma nova grande encomenda, uma descoberta, um teste com um medicamento com resultado positivo, aí o valor das ações sobe imediatamente. Na bolsa se negociam as perspectivas de sucesso no futuro. Alguns analistas inclusive afirmam que a bolsa antecipa o desenvolvimento de uma sociedade anônima em quase um ano.

COMO A CONCORRÊNCIA DAS EMPRESAS E DOS CONGLOMERADOS ENTRE SI INFLUENCIA O DESENVOLVIMENTO DO ÍNDICE DAS BOLSAS DE VALORES?

Não somente o desenvolvimento das empresas tem efeitos sobre os índices. Também a concorrência das empresas e conglomerados entre si determina o desenvolvimento dos índices na respectiva área.

Exemplo: Há duas grandes empresas no mundo que produzem aviões. Uma é americana e produz especialmente nos EUA sobre a base do dólar; a outra opera em diversos países europeus e trabalha sobre a base do euro.

Estas duas empresas concorrem entre si: não concorrem somente pela preferência dos clientes, mas também no desenvolvimento de novas e melhores aeronaves. Se uma empresa anuncia que o desenvolvimento de um novo avião está atrasado, retardando também a entrega do mesmo aos clientes, a outra empresa lucrará com isso se conseguir suprir a demanda do momento. O fracasso de uma empresa pode se transformar muito rapidamente no sucesso da outra.

Diferente é na indústria da computação. Também aqui a disputa pelo cliente é enorme. Dificilmente haverá outro setor em que os preços dos produtos finais caíram tanto nos últimos anos como no caso de hardware de computadores, impressoras, notebooks, etc. Isso vale também para os semicondutores [*Halbleiter*], sem os quais um computador não pode funcionar. Hoje em dia, em qualquer câmera fotográfica ou telefone celular, há um pequeno chip; também o preço deste tem caído muito rapidamente. A palavra de ordem é: menor, mais rápido e melhor. E a concorrência tende a aumentar. Novos ofertantes entram no mercado e os ciclos de inovação se tornam sempre mais curtos. As novidades de hoje já se encontram amanhã nas mesas de ofertas de supermercados, sendo vendidos a preços ínfimos. Mesmo no caso de aparelhos muito inovadores, como determinados telefones celulares ou gravadores digitais e aparelhos de mp3, os empresários não podem mais ter certeza de obter preços bons junto aos consumidores. Se um produtor de semicondutores anuncia que as chances de mercado são diferentes e que o mercado de vendas está em baixa porque os consumidores se comportam de forma mais reticente, então isso imediatamente tem reflexos no índice das ações na bolsa, influenciando também a corrida entre os concorrentes. Os compradores interessados pressupõem, neste caso, que as condições de mercado são iguais para todos. Por isso acreditam que também as outras empresas têm problemas com as vendas, embora isso nem sempre seja verdade.

COMO AS FUSÕES E AS INCORPORAÇÕES INFLUENCIAM OS ÍNDICES DAS BOLSAS?

Justamente estas duas possibilidades influenciam o índice das ações na bolsa das sociedades envolvidas. Em uma fusão, em geral duas empresas tomam a decisão de no futuro trabalharem estreitamente unidas ou até de se unirem de tal modo que uma empresa se funde com a outra. A palavra mágica em tal evento é efeito de sinergia. Com isso, se busca alcançar que no futuro se possa produzir de forma mais barata ou oferecer serviços melhores. É claro que no caso de melhores processos de produção podem ser produzidos mais produtos e bens do mesmo tipo e isso de forma mais barata. Contudo, decisivo não é unicamente o porte. Pois somente um terço de todas as fusões efetivamente dá bom resultado, atendendo às expectativas do mercado. Num ponto as fusões parecem compensar: no montante anual dos salários dos executivos, mas isto já é outro tema. Também no caso de fusões vale a regra de que os sucessos de hoje podem ser os prejuízos de amanhã. Aqui se poderia indicar para vários exemplos, especialmente da indústria automobilística, nos quais os objetivos propagados nunca foram alcançados. Depois de pouco tempo, as empresas fusionadas somente eram ainda carga morta e o núcleo das empresas respirava mais aliviado ao finalmente se ver livre novamente da parte que só causava prejuízo. Nestes casos, a palavra de ordem era voltar à competência original.

Esta é a razão para o mercado reagir de forma correspondente em tais situações. A empresa, da qual se suspeita ser a menor ou a "pior", em geral é onerada com um aumento do índice, na esperança de que, com a fusão e com a posterior venda forçada das ações, se consiga alcançar um lucro maior. A empresa, que supostamente no primeiro momento é a de maior sucesso e economicamente mais potente, deve aceitar que o índice das ações baixe num primeiro momento. Os participantes do mercado veem inicialmente o ônus e não os objetivos do futuro, que muitas vezes são totalmente fabulosos ou visionários. Neste sentido, o mercado aprende a lição.

Estas consequências também têm validade quando não se trata de uma fusão evolutiva de duas empresas, que fazem combinações entre si, mas de uma incorporação realmente revolucionária. Uma empresa deseja a saída da outra do mercado. Há uma oferta pela compra das ações. Os executivos da empresa a ser incorporada podem, então, expressar sua opinião, se preferem uma incorporação "amigável" ou "forçada". No caso de uma transação amigável, isso costuma ser bem resolvido. No caso de uma incorporação forçada, haverá a tendência de opor resistências. Muitas vezes há uma luta por causa da incorporação e isso acaba custando muito caro para a empresa incorporadora. A empresa mais fraca procurará motivar os acionistas a não efetuarem a venda. Na busca por aliados, a sociedade tratará com os acionistas majoritários e com outras empresas aliadas para ver se há possibilidades de lutar contra a empresa incorporadora. Em tais situações, somente um "cavaleiro branco" pode vir em auxílio da empresa. Este apoia a sociedade e, no caso da incorporação, pode negociar condições melhores do que originalmente previstas.

Deve-se ressaltar que tais incorporações forçadas constituem uma grande chance para o acionista. Aqui pode ser lembrado o exemplo da incorporação do conglomerado *Mannesmann* pela empresa britânica do ramo de telecomunicações *Vodafone* no início do ano de 2000. O valor das ações triplicou durante as negociações. Muitos clientes tiveram vantagem com isso. Os acionistas da *Vodafone* ainda hoje esperam pelo sucesso e já pagaram as "vitórias" de ontem com muitas quedas no índice das ações.

Doze dicas para a conversa de consultoria e para a aplicação financeira

1. Procure não ir sozinho para tal conversa de consultoria. Assim você poderá trocar impressões e sanar dúvidas com a pessoa que o acompanhou.

2. Prepare-se também para a conversa de consultoria. Deixe claro para si mesmo o que realmente deseja. Uma alta taxa de juros não é a única chave do negócio.

3. Mantenha-se modesto! Coloque limites quanto à duração da aplicação, a suas expectativas e concepções quanto ao resultado.

4. Seja franco. O consultor somente lhe poderá dar uma boa consultoria e lhe sugerir um bom produto se você der uma boa resposta às perguntas sobre a situação patrimonial e salarial.

5. Seja honesto. Não procure mostrar conhecimento que você não tem. O consultor logo perceberá isso.

6. Pergunte de forma tranquila. Faça isso especialmente quando você não tiver entendido alguma coisa ou quando o consultor utilizar muitos termos técnicos ou em inglês. Se ele não der uma boa resposta às suas perguntas ou não está em condições de explicar um conteúdo em palavras simples, é preferível interromper a conversa. Nestes casos, o consultor provavelmente decorou as informações, talvez nem entendendo direito do que se trata. Neste caso, a consultoria não será de boa qualidade.

7. Faça apontamentos! O consultor também deveria fazer apontamentos e mais tarde até lhe oferecer uma cópia. O instrumento mais importante para o cliente e para o consultor é um lápis ou caneta e uma folha de papel em branco; todo o resto é ornamento secundário.

8. Mantenha sã a racionalidade. Não existe aplicação financeira remunerada com taxa de juros de mais de 10%, sem riscos e com liquidez imediata!

9. Não feche negócio ao telefone com consultores desconhecidos. Isso nunca termina bem!

10. No caso de algumas ofertas, seja duro como um diamante. Seja cético em relação a negócios com produtos em tempo determinado e com antecipação de financiamento de heranças por email ou por telefone. A renúncia a um suposto bom negócio é melhor do que perder dinheiro.

11. Não se deixe iludir. Coisas, como um folder de fino acabamento, uma apresentação cheia de efeitos ou um belo show, muitas vezes buscam suprir fraquezas da própria aplicação financeira.

12. Não tome decisões precipitadas! Toda aplicação deve ser bem pensada. Isso vale especialmente para decisões que têm consequência de longo prazo, como no caso de investimento em imóveis. Se um notário "amigo" ainda encontra em sua agenda um horário às 20 horas para fazer o registro da compra e venda no cartório, é porque alguma coisa não está certa. Tome tempo para decidir! Antes de tomar uma decisão você deve ter uma boa noite de sono. Quase nada neste âmbito é tão importante que não se possa pensar mais uma vez sobre a questão. Também aqui vale: melhor perder uma boa oportunidade do que jogar dinheiro pela janela.

Posfácio

Anselm Grün

O Sr. Kohrs escreveu sobre as aplicações financeiras éticas, especialmente a partir do ponto de vista de um consultor financeiro. Eu ainda quero fazer algumas observações como investidor ou como cliente. Por um lado, eu aprecio consultores bancários que são honestos, que não ficam inventando coisas. Não há nenhum consultor que sempre tem a solução certa. Por isso é importante para mim que, quando o consultor tiver se equivocado, ele também assuma seu erro. Cada um de nós pode avaliar uma situação de forma errada. Assumir que errou possibilita haver uma boa relação entre consultor e cliente. Mas isso exige também que eu não devo ter expectativas falsas em relação ao consultor do banco. Eu sou grato por ter podido estabelecer uma relação de confiança com muitos consultores financeiros. Assim cada qual pode aprender com o outro. Cada um conhece os fortes e os fracos do outro. Assim, um não ilude o outro, mas em conjunto se procura por caminhos úteis ao mosteiro e isso por muito tempo.

Na consultoria por meio do banco, para mim sempre é importante que o outro me aconselhe aquilo do qual está convencido. Se um consultor precisa de muitos motivos para elogiar seus produtos, eu sempre tenho a suspeita de que ele só quer vender os produtos de seu banco. Ele se encontra sob pressão de ter que vender aquilo que a diretoria lhe impôs como objetivo de venda. Assim ele procura me convencer por todos os argumentos possíveis de que seu produto é bom. Mas isso acaba antes por gerar resistência em mim. Eu me sinto pressionado e acabo não comprando nada daquilo que me é apresentado de forma tão elogiosa.

Pois eu não gosto de ser usado para os negócios do banco. Cada qual deve ter seu ganho, tanto o banco quanto o investidor. Por isso a consultoria também deve ser justa [*fair*], não sendo somente uma tentativa de vender os produtos do próprio banco.

Para a dimensão ética da aplicação financeira, isso é importante. Por isso eu invisto em participações em fundos de sustentabilidade e fundos éticos. E eu confio que, por meio da aplicação financeira ética, eu posso influenciar a postura das empresas. Pois se muitos investem nos fundos de sustentabilidade, os quais têm bons rendimentos, então por meio disso se exerce pressão sobre as empresas no sentido de sua abertura a estes critérios. Contudo, como investidor financeiro, não se pode ser purista. Nós não temos uma garantia absoluta de que as empresas, nas quais nós investimos, de fato são coerentes com os critérios éticos. Nós somente podemos confiar que os gerentes dos fundos, aqueles que administram fundos éticos e fundos de sustentabilidade, observem os critérios por eles erigidos, zelando por sua implementação. Mas, em últimos casos, não podemos dizer com certeza o que os bancos, as empresas e os países fazem com o dinheiro que nós investimos em ações ou em aplicações. Mas isso também vale para a querida caderneta de poupança. Em alguns mosteiros se diz que por meio da aplicação em poupança não se estaria fazendo especulação. Mas o banco também trabalha com o dinheiro da poupança ou do fundo de renda fixa. E o que o banco faz com o dinheiro, isso escapa a nosso conhecimento.

Quando eu invisto em derivados, tais como certificados de bônus de ações ou índices de ações, então eu não compro parte da empresa, mas em últimos casos acabo fazendo uma "aposta" com o banco. Eu confio que as condições sob as quais o banco apresenta o certificado agirão a meu favor. Obviamente, nos últimos anos, eu já tive de pagar "taxa de aprendizagem". Eu sempre sou crítico quando não entendo a estrutura do certificado, quando as condições sob as quais um título de crédito é ofertado são complexas demais. Aí costumo asseverar que o banco quer fazer um negócio a minhas custas. Eu sempre preciso entender o que eu compro. E o negócio deve estar de acordo com minha disposição pessoal de assumir risco. Mas para mim também é importante que eu faça uso dos instrumentos da economia monetária hoje em uso e que estes estejam de acordo com meus critérios éticos. Isso se aplica a negócios com diferenças de juros, certificados de bônus e títulos de opção.

Muitas vezes me dizem que eu só ganho dinheiro na bolsa se outros perdem com isso. Mas este argumento não está certo. Quando nos anos de 1990 a Hungria tinha de pagar 10% por seus empréstimos, o país precisava de muito dinheiro para a reconstrução de sua economia. E para o investidor não havia muita segurança na aplicação em empréstimos para a Hungria. A Hungria tinha de pagar simultaneamente um prêmio de risco. Mas o país trabalhou bem com o dinheiro. Agora a Hungria paga somente 4% O país utilizou o dinheiro para expandir sua infraestrutura e seu parque industrial. Assim, cada qual teve sua vantagem: o país, o banco, que ganhou suas taxas, e o investidor, que recebeu remuneração com alta taxa de juros. Aí não se pode dizer que o negócio não era ético. Pelo contrário, pelo fato de eu confiar no país e lhe emprestar dinheiro. Um bom negócio sempre é bom quando todos os que participam têm vantagem: o país ou a empresa, que recebe um empréstimo, o banco, que administra o negócio, e o investidor, que faz a aplicação.

Não quero impor a ninguém minha estratégia de aplicação financeira. Pois cada um deve saber o que consegue suportar em termos psíquicos e espirituais. Cada um deve tomar sua própria decisão. Mas para mim é importante não julgar os outros, nem aqueles que lidam de modo temeroso com dinheiro, nem aqueles que assumem mais riscos. Nós não podemos dizer o que é melhor ou pior. Cada um deve se avaliar diante de Deus, escolhendo o que considera poder realizar. Mas se a pessoa prefere mais xingar os outros do que encarar a condição de sua própria alma, então não se pode falar objetivamente sobre a lide com o dinheiro.

Na verdade, eu havia assumido um compromisso comigo de nunca escrever algo sobre dinheiro ou aplicação de dinheiro. Mas a editora pediu que eu escrevesse um texto. Eu sou grato ao Sr. Kohrs pelas informações profissionais, pois elas oferecem ao leitor a possibilidade de tomar uma posição própria sobre como aplicar seu dinheiro. Mas é importante deixar de lado as "lutas ideológicas", olhando sobriamente para aquilo que nós cristãos podemos fazer com nosso dinheiro, a fim que de que ele sirva às pessoas, a fim de que traga bênçãos e não maldições, a fim de que nós mesmos não venhamos a vender nossa alma ao dinheiro, mas mantenhamos a liberdade interior. Para mim é um desafio espiritual saber lidar com o dinheiro. Eu aprendi muito para minha alma. Como administrador do mosteiro, eu aprendi a me conhecer bem. E eu desejo a toda pessoa que lida com o dinheiro que possa refletir suficientemente o que isso provoca em sua alma e que ela não deve perder a Deus como o verdadeiro objetivo de sua vida. Pois somente se Deus atua em nós é que o dinheiro não nos governará, mas servirá a nós e às pessoas.

Assim eu desejo ao leitor que ele se ocupe a sua maneira com o modo como deseja aplicar bem o dinheiro que vai guardando para sua velhice ou para seus descendentes. Não se trata agora de ir aos "especuladores" e lidar de forma irresponsável com seu dinheiro. Pelo contrário, trata-se do modo adequado de lidar com o dinheiro, a fim de tirar do indivíduo o temor de que sua família venha a cair em pobreza. A boa prevenção é sinal de responsabilidade mútua. Por isso eu desejo a cada pessoa que aplique seu dinheiro sem medo, mas simultaneamente com um bom critério e com liberdade interior e com boa consciência diante de Deus, a fim de que venha a ser uma bênção para ele e para as outras pessoas, pelas quais têm responsabilidade.

Pequeno ABC da Bolsa de Valores

Ação – Toda ação representa uma pequena parcela do capital de base de uma sociedade de ações e certifica o chamado direito de propriedade de uma sociedade anônima. Há ações nominativas e ações ordinárias.

Ação ao portador – Ação que se encontra em poder do portador ou proprietário e na qual não consta o nome do proprietário. O nome do respectivo proprietário não é inscrito no livro de acionistas ou numa lista junto à empresa. As relações de posse e propriedade no capital de ações não são de conhecimento da sociedade anônima. Contraposto à ação nominativa.

Ação nominativa – É uma ação na qual consta o nome do proprietário. O acionista deve estar inscrito no livro de ações da sociedade. Contraposta a ação ao portador.

Ação nominativa vinculada – É uma espécie própria do tipo ação nominativa. No caso de venda, a transferência de propriedade depende da aprovação da respectiva sociedade anônima. Este tipo de ação é necessário para poder controlar melhor as relações de propriedade. Em geral, tal tipo de ação é introduzido para proteger uma empresa de ser assumida por concorrentes indesejáveis.

Ação ordinária – Esta ação inclui em si todos os direitos do acionista segundo a lei das ações. O acionista tem o direito de participar da assembleia geral com direito a voto, de receber uma parte dos dividendos, de comprar preferencialmente novas ações, bem como o direito a uma parte do resultado de liquidação.

Ação preferencial – Os proprietários desta ação têm determinadas vantagens em relação aos acionistas ordinários. Geralmente estes acionistas têm direito de preferência na distribuição dos dividendos e, na dúvida, no resultado de liquidação, estes direitos "pagam" muitas vezes com uma renúncia ao direito de voto na assembleia geral.

Ágio – Sobrepreço, maior valor do que o valor nominal de um título; o contrário é deságio, portanto, depreciação do valor nominal.

Assembleia geral – Reunião dos acionistas de uma sociedade anônima, os quais nesta reunião exercitam seus direitos em conformidade com as leis das ações. A assembleia geral acontece uma vez ao ano.

Baisse – Designação para um mercado em queda; portanto, os preços caem.

Blue Chips – Designação comum para títulos de grandes empresas. Em geral, eles têm um bom *rating* e uma boa relação entre índice e lucro. Na Alemanha se utiliza a expressão títulos padrão [*Standardpapiere*].

Bolsa – Lugar no qual se negociam bens fungíveis (intercambiáveis), os quais não precisam estar presentes fisicamente no lugar da transação. Lugares importantes de bolsas são Frankfurt, Londres, Nova Iorque, Tóquio. A isso se agregam bolsas regionais, que geralmente se especializam em determinados segmentos do mercado, como, por exemplo, a bolsa de Chicago, para negócios futuros, ou a bolsa de Stuttgart, para certificados.

Bund-future – O *bund-future* (mais exatamente: euro-bund-future) é um contrato de futuros padronizdo para um investimento em bônus do tesouro nacional. A base é um título fictício, fixado com rendimento nominal de 6% de juros ao ano com duração de 10 anos. O *bund-future* geralmente é utilizado como indicador no desenvolvimento dos juros.

Capitalização – O termo provém do latim *thesaurus* e significa patrimônio [*Schatz* – tesouro] (originalmente o termo provém do grego *thesauros*). Hoje o termo é utilizado para a transação de reinvestimento (entesouramento) das distribuições de um fundo de investimento ao invés de depositar o valor correspondente na conta do investidor. No caso de fundos de capitalização, isso acontece de forma automática ou o investidor pode combinar isso com seu banco ou com a sociedade de fundos quando da ocorrência da distribuição de lucros.

Carta hipotecária – Título de crédito de renda fixa muito seguro. A segurança para o investidor se dá, por exemplo, por meio de cartas de hipoteca a partir de exigências em empréstimos, os quais são garantidos por direito de hipoteca sobre imóveis.

Certificado – Forma de aplicação que justamente na Alemanha ganhou a preferência dos investidores nos últimos anos. Os investidores alemães são líderes de mercado nesta possibilidade de aplicar seu dinheiro. Nesta forma de aplicação, um negócio normal com ações, isto é a compra ou a venda de ações, é vinculado com um negócio [ou ativo] derivado. Como o negócio com derivados nunca conseguiu fincar pé na Alemanha, os especialistas em investimento dos bancos simplesmente fizeram a combinação dos dois negócios. Sejam certificados de proteção, sejam de bônus ou de desconto, o problema reside no fato de que estes termos não são protegidos e cada banco pode estabelecer suas próprias condições. O negócio também depende das particularidades dos acordos realizados. O investidor deve observar com atenção as condições do título para estar protegido diante de surpresas desagradáveis.

Corporates – Designação para empréstimos de empresas.

CRR – Abreviação para *Corporate Responsability Rating*; serve para a avaliação ética de empresas e, traduzido ao vernáculo, significa algo como: avaliação das empresas quanto à responsabilidade de suas ações.

DAX – Abreviatura para *Deutsche Aktienindex* [Índice Alemão de Ações]. É o índice de bolsa mais importante para o mercado alemão. Ele é estipulado pelas bolsas alemãs. Ele se compõe das 30 ações alemãs mais negociadas, cujo valor é diferentemente avaliado. É o indicador mais observado para o desenvolvimento do mercado. É organizado como índice performático.

Derivados – Determinada forma de instrumentos financeiros. O preço destes títulos se orienta pelas oscilações do índice ou das expectativas de preço de outros investimentos, aos quais os derivados se referem. Os títulos estão organizados de tal forma que acompanham fortemente as oscilações dos índices dos objetos de base. O motivo para tais construções reside, por um lado, na securitização contra prejuízos nos índices e, por outro lado, na pura especulação. Exemplos de derivados são: certificados, opções, futuros ou *swaps* [operações em que há troca de posições quanto ao risco e rentabilidade entre investidores - NdT].

Deságio – preço menor, diminuição do preço em relação ao valor nominal de um título; o contrário é ágio, portanto sobrepreço.

Diversificação – Termos usualmente utilizado para distribuição, em geral dos riscos. Com isso, se diversifica ou distribui o risco, por exemplo, para diversas ações. Ou a pessoa investe em momentos distintos para não ser atingida unilateralmente por uma mudança na taxa de juros. Também emitentes diversos, isto é, aqueles que oferecem a aplicação, são importantes para uma boa carteira, assim como a conjugação fundamental dos investimentos (ações isoladas, fundos de ações, empréstimos, fundos de investimento imobiliário aberto ou fechado, certificados, etc.).

Dividendos – A parcela de lucro dos acionistas. Os dividendos são fixados na assembleia geral e dependem da margem de lucros e da política de dividendos da empresa. Algumas empresas distribuem grande parte dos lucros alcançados; outras o fazem em menor escala.

Duração [*duration*] – Este termo designa a duração média do comprometimento do capital em aplicação em título de renda fixa. Em datas distintas, o investidor recebe os juros e ao final recebe de volta o investimento realizado. Entre estes dois momentos é alcançado um valor médio. Por meio da duração se pode calcular inicialmente a duração média do comprometimento do capital e, por fim, também a chamada duração modificada. Para o investidor, isso significa ao final que pode averiguar em quantos por centos oscilou o índice da respectiva aplicação quando o nível de juros de mercado se alterou em pontos percentuais. Com isso, se pode calcular o índice de risco que o investidor tem com determinada evolução dos juros.

Efeito de custo médio [*cost-average-effekt*] – Este efeito é interessante especialmente na aquisição de participações em fundos de investimentos. Se durante um tempo maior o investidor adquire participações em fundos de investimento, pelo mesmo preço se dá o efeito de custo médio. Com os índices em alta, logicamente se adquirem menos participações pela mesma quantia, e no caso de índices em baixa se pode adquirir uma grande quantidade de participações. O problema do tempo certo para o ingresso nesta aplicação é diminuído por meio deste procedimento, mas também são menores as chances de lucros elevados

Emissão – Primeira emissão de "títulos de crédito". O objetivo de uma emissão é a venda total, livre de riscos e livre de custos de títulos de crédito para o aumento de capital.

Estrutura de juros inversa – Acontece quando a taxa de juros para investimentos de curto prazo supera a taxa para investimentos de longo prazo.

Euribor – É a taxa de juros segundo a qual os bancos europeus emprestam dinheiro uns aos outros. A abreviatura significa: *European Interbank Offered Rate*. Nesses procedimentos, diferencia-se entre tempo de duração do empréstimo de uma semana ou de 1 a 12 meses.

EZB – Abreviatura para *Europäische Zentralbank* [Banco Central Europeu] com sede em Frankfurt.

FED ou FRS – Designa a abreviatura do sistema americano de banco de moedas. Literalmente é: *Federal Reserve System* ou FED – *Federal Reserve Bank*.

Free Float – Designação para as ações livremente negociáveis em uma bolsa ou para a parte de uma sociedade de ações, que não está em mãos firmes. Segundo a definição da *Deutsche Börse AG* [Sociedade Associação Alemã de Bolsas de Valores S.A.], pacotes de ações abaixo de 5% fazem parte do *free float*.

Fundo de investimentos – Patrimônio especial de uma sociedade de investimento, a qual por conta comum dos investidores aplica o capital em nome próprio sob a forma de valores negociáveis ou títulos representativos. Para dizer de forma de simples, os fundos de investimento são "carteiras", nas quais está reunido um número de ações, títulos de renda fixa, imóveis, etc.; estes títulos são oferecidos ao comprador na forma de títulos de participação. A vantagem para o cliente reside na combinação de riscos.

Fundos guarda-chuva [ou fundo de fundos] – Aplicação na qual são reunidos diversos fundos de investimento; é praticamente uma diversificação duplicada.

Hausse – Designação para um mercado ascendente ou enlouquecido; os preços, portanto, sobem rapidamente.

Hedging – Aqui um risco previsto deve ser parcial ou totalmente superado por meio de um risco contraposto.

Index – Plural: índices. Num índice, são juntados de diversas formas diferentes ações ou títulos de crédito. Em geral, diferencia-se entre um índice performático e um índice de preços. A diferença fundamental reside em saber se dentro de um ano civil os dividendos distribuídos são calculados juntos, para compor a evolução do índice, como no caso de DAX, ou não, como no caso de Dow Jones 30.

Índice – Também é designado de índice de preços. Neste indicador da bolsa são calculados unicamente os índices e não os dividendos.

Índice de preços – Sinônimo de índice de desenvolvimento de preços.

Índice Dow Jones – É o índice da bolsa mais conhecido nos Estados Unidos. É calculado com base em 30 valores de referência da economia norte-americana, os quais são subjetivamente fixados por um grêmio; isso é diferente na Alemanha, onde a capitalização do mercado ou a *free float* [livre negociação] é determinante.

Índice performático [de evolução] – Neste índice de ações, também são incluídos os pagamentos de dividendos das empresas nele envolvidas. Com isso, este índice informa sobre todo o desenvolvimento dos valores de um portfólio. Como exemplo se pode mencionar o DAX-30.

Investimento em ações [*Aktienanleihe*] – Basicamente se trata de um investimento que garante remuneração com taxa de juros relativamente alta. A recuperação do investimento depende do índice final da respectiva ação. Se, em data determinada para o pagamento, este estiver abaixo do chamado preço base, o investidor não recebe o valor nominal do investimento, mas determinada parcela do valor das ações. Neste caso, ele receberá um valor menor do que o investimento inicial.

Investimento [*Anleihe*] – O termo é comparável a rendimento ou valor de rendimento, bônus, confissão de dívida, título com rendimento fixo, *obligation*. Há um valor nominal para o investimento e, com exceção de bônus do tesouro nacional, há um índice na bolsa, em geral fixado diariamente.

ISV – Esta abreviatura se refere à expressão [alemã] *Inhaberschuldverscreibung* [títulos de confissão de dívida]. Estes títulos de crédito com juros fixos em geral têm juros nominais mais altos, como, por exemplo, as cartas de hipoteca. A desvantagem para o investidor consiste em que, em caso de falência da empresa ou do banco, ele recebe somente uma pequena parcela junto à massa falida, a chamada cota.

Junk-bonds – Com este termo se designa investimentos, que têm uma avaliação ruim, de forma que quase não se pode contar com o pagamento de juros e com o resgate do capital. Em alemão também se utiliza a expressão *Schrott-Anleihe* [em português: títulos podres].

Juro efetivo – Com isso se designa o efetivo juro anual e representa o custo total de uma transação. O juro efetivo inclui todos os custos de um transação, como, por exemplo, as taxas de administração, os custos de intermediação do crédito e também o prêmio para o seguro de dívidas remanescentes.

Juro nominal – No caso de um investimento, corresponde aos juros expressos, indicando a remuneração de juros ao longo do período. Esta taxa de juros não inclui taxas de administração ou de intermediação; para isso se utiliza o juro efetivo.

Juros antecipados - É a remuneração para uma caderneta de poupança, que deve ser paga ao poupador antes do término do prazo avençado. Se o banco e o poupador estão de acordo sobre o pagamento antecipado, o cálculo em geral se dá na casa de um quarto da taxa de juros a receber. Numa caderneta de poupança com prazo mínimo de três meses de antecipação para o resgate, o juro antecipado é calculado para o máximo de 90 dias e o limite de saque de 2.000 euros é subtraído para o mês em curso. É importante que o juro antecipado não ultrapasse o limite dos juros em haver no decorrer do ano civil.

M & A – Abreviatura em inglês para *Mergers & Acquisitions*, e significa: fusões e incorporações. Esta também é uma designação para institutos de créditos ou sociedade de financiamento, que dão consultoria para empresas no caso de incorporação ou fusões com outras empresas. Usualmente também se utiliza a expressão metafórica gafanhotos. Mas esta designação é tanto incerta quanto falsa, porque desqualifica de modo genérico as ambições das diferentes empresas atuantes no setor.

Mercado de capitais – Assim se designa o mercado para títulos de médio e longo prazo. Aí se encontram as participações, as ações e os títulos de renda fixa.

Mercado de touro – A expressão provém do inglês *bull market* e designa os índices ascendentes na bolsa. Touros geralmente atacam de baixo para cima.

Mercado de urso – Provém do inglês *bear-market* e se refere a um mercado com preços em queda na bolsa; ursos em geral agarram de cima para baixo.

Mercado financeiro – Mercado para créditos de curto prazo; também é a designação para dinheiro do banco central ou títulos de crédito como aplicações diárias ou mensais, bem como de mercado de descontos e moedas.

Mercado negro – Este mercado não está sob controle estatal. Aqui também se negociam participações em colônias de férias e outros negócios altamente especulativos com promessas de altos rendimentos. A propaganda é feita por meio de anúncios em jornais de circulação regional ou por telefone. Muitas vezes aí operam vendedores com pouca seriedade. A promessa de grandes lucros corresponde aos grandes riscos em tais negócios. Facilmente se pode perder todo o capital investido.

MIFID – Abreviatura para *Market in Financial Instruments Directive* ou a forma abreviada em alemão: *Finanzmarktrichtlinie* [Diretriz para o mercado financeiro]. Desde novembro de 2007, estão aqui elencados alguns direitos do consumidor. Este tem um direito de ser informado quanto aos custos na compra de títulos de crédito, bem como a determinadas explicações no caso de compra ou venda de títulos. Assim, a instituição de crédito também deve informar sobre as relações especiais, por exemplo, entre o banco e a sociedade de investimento.

Milchmädchenhausse – É uma designação jocosa. Com ela se designa a última fase de uma evolução positiva na bolsa. Neste momento até investidores que normalmente não operam na bolsa se interessam por aplicação em ações. Especialmente a expectativa por mais índices ascendentes motiva os investidores. No entanto, esta conta é feita muito cedo e os preços das ações costumam cair logo depois da compra dos títulos. Com isso se fez aqui uma *Milchmädchenrechnung* [conta ingênua], de modo que os lucros esperados não se concretizaram.

NASDAQ – É a abreviatura para o comércio livre por meio de um sistema de computadores nos EUA. A expressão completa em inglês é: *National Association of Securities Dealers Automated Quotations*. Nesta bolsa, em geral, se negociam determinados valores do âmbito da técnica ou da computação que são avaliados como tendo perspectivas de crescimento e inovação. Neste mercado, há grande volatidade e por isso a participação pode ser muito especulativa.

NYSE – *New York Stock Exchange*; é a bolsa de títulos mais importante dos Estados Unidos e talvez também do mundo.

OTC – *Over the counter Market.* Em outros tempos, era a designação para o comércio de títulos não admitidos oficialmente na bolsa dos EUA. A partir da vigência das regras do MIFID na Alemanha, a expressão também se refere aos fundos de investimento que não são negociados por meio da bolsa. O cliente deve aprovar de forma específica este tipo de transação.

Performance – É uma expressão que infelizmente é utilizada para um contexto muito comum; significa simplesmente a evolução [das transações].

Rating – Este termo significa avaliação ou indicação de valor. Em geral, estas avaliações, são feitas por agências de *rating*. As agências mundialmente mais conhecidas são a *Standard & Poor's* e a *Moody's*. Quanto mais alta a avaliação, tanto melhor: O esquema de avaliação de *Standard and Poor's* tem valores entre AAA, para empresas confiáveis e estáveis de alta qualidade, até D, para títulos extremamente especulativos. Na *Moody's*, as avaliações oscilam entre Aaa e C.

Relação índice-lucro – Abreviatura: KGV. Esta sigla indica quantas vezes o lucro líquido de uma empresa, relacionado com uma ação está incluído no índice desta ação. Em geral, uma cifra de dois números acima de 20 é tida como alta e uma cifra com número unitário abaixo de 10 é avaliada como baixa. Naturalmente se deve agregar ainda algumas outras indicações para determinar a qualidade de uma ação.

Rendimento – É o lucro anual de um título de crédito constituído de dividendos e juros porcentuais em relação ao capital investido. No caso de títulos com taxa de juros fixa com um índice abaixo (ou acima) de cem, o lucro ou o prejuízo em relação ao índice deve ser incluído no cálculo do rendimento.

Rendimento corrente – O rendimento corrente é o rendimento médio de todos os títulos de renda fixa com a melhor bonificação no mercado. Isso são especialmente os empréstimos feitos ao Estado. Ele também reflete o nível de juros do capital.

Rendimento de dividendos – Este indica a remuneração de juros do capital representado pela ação. Isso se dá por meio do índice atual da bolsa ou o investidor por estabelecer sua própria relação. As fórmulas são:

$$\text{Rendimento de dividendos} = \frac{\text{dividendos}}{\text{Índice da bolsa}} \times 100$$

Ou:

$$\text{Rendimento de dividendos} = \frac{\text{dividendos}}{\text{Capital próprio}} \times 100$$

Split – É uma designação para o fracionamento de ações. Isso significa que as ações são divididas dentro de determinada relação, permanecendo igual o valor de todas as ações. Na relação de 1:4, o acionista recebe quatro ações novas por uma antiga. O motivo para tal *split* reside no fato de por meio de um preço menor tornar as ações mais facilmente negociáveis, encontrando também um público maior.

Título de valor – Designação genérica para documentos que garantem determinados direitos, como, por exemplo, a posição de proprietário em uma empresa.

Total expense ratio – A abreviatura é TER. Essa sigla indica os custos anuais de um fundo de investimento. Além do custo inicial de emissão (com cujo ônus o investidor deve arcar sozinho), há ainda os custos de coordenação e administração internos do fundo. Isso são custos, por exemplo, para o pagamento de analista econômico, de advogados, taxas de bolsas, custos de negócios, etc. Com auxílio destas informações, o investidor pode comparar melhor a estrutura de custos de cada um dos fundos.

Valuta – Posição de valor na compra e venda de títulos de crédito. Conforme o tipo do título (ação ou fundo, nacional ou internacional), os dias de valuta oscilam entre dois a quatro dias úteis.

Volatitilidade – Esta palavra indica a intensidade da oscilação do preço de um valor de base no decorrer de determinado tempo. O engajamento no respectivo valor de referência é tanto maior em termos de riscos quanto maior for a volatilidade. Por outro lado, aumentam também as chances de lucros. Esta medida de risco também é determinante para o nível dos preços no caso de derivados. Quanto maior a volatilidade, tanto maior é também o preço.

Sugestões para leitura

COLE, BENJAMIN MARK. *Die Rattenfänger der Wallstreet.* Frankfurt: Campus Verlag, 2001.

Depois desta leitura, você certamente não mais confiará num analista e em sua avaliação de títulos.

DEML, MAX E OUTROS. *Grünes Geld, Jahrbuch für ethisch-ökologische Geldanlagen 2005/2006.* Stuttgart: Hampp Verlag, 2005.

É um livro fundamental para a discussão sobre o tema "investimento verde". Contém muitas informações sobre os vendedores, os produtos e todas as organizações que se ocupam com esta temática. É difícil você querer tratar do tema e não ter lido o livro de Max Deml.

ERHARD, LUDWIG. *Wohlstand für alle.* Düsseldorf: Econ Verlag, Edição atualizada, 1990.

É uma leitura que muitos executivos deveriam fazer sempre. A economia de mercado de hoje, de fato, não é mais aquilo que Ludwig Erhard pretendia.

GERTH, MARTIN. *Die Geldverbesserer.* Grüne Investments – Das Prinzip des doppelten Gewinns. Munique: Finanzbuch Verlag, 2008.

É um livro bom e informativo, com muitos gráficos e informações úteis.

GALBRAITH, JOHN KENNEDY. *Die Ökonomie des unschuldigen Betrugs.* Vom Realitätsverlust der heutigen Wirtschaft, Munique: Siedler Verlag, 2004.

O velho mestre da economia acerta contas com a economia privada indomada e autoelogiosa.

GALL, LOTHAR. *Der Bankier Herman Josef Abs* - Eine Biographie. Munique: Verlag C.H. Beck, 2004.

É um livro breve, com impressionantes perspectivas sobre a história das finanças no século XX.

GOEUDEVERT, DANIEL. *Wie ein vogel im Aquarium.* Aus dem Leben eines Managers. Berlim: Rowohlt Verlag, 1997.

Perspectivas e reconhecimentos sobre o ex-executivo da VW e da Ford. Ele foi um cabeça-dura [*Querkopf*] da indústria automobilística, que começou a fazer apelos para um mundo de trabalho mais ético.

GRÄSSLIN, JÜRGEN. *Das Daimler Desaster.* Munique: Droemer-Verlag, 2005.

Jogo de cena sobre uma gigantesca perda de capital por uma antiga empresa ou de como simplesmente se joga bilhões de marcos pela janela.

HENKEL, HANS-OLAF. *Die Ethik des Erfolgs* - Spielregeln für eine globalisierte Gesellschaft. Munique: Econ Verlag, 2002.

É possível ter opinião ambígua sobre o sr. Henkel e sua atuação como executivo ou presidente de empresa, mas neste livro há alguns reconhecimento sobre os quais vale a pena refletir.

HÖFFE, OTFRIED. *Lesebuch zur Ethik*. Munique: Beck Verlag, 2002.

Seleção breve de textos filosóficos.

KESSLER, WOLFGANG; SCHNEEWEISS, ANTJE (eds.). *Geld und Gewissen*: Tue Gutes und verdiene daran. Frankfurt: Verlag Publik-Forum, 2004.

Neste livro, vários autores renomados se expressam sobre muitas questões da aplicação ética de dinheiro. O interessante do livro reside no fato de que em pouco tempo se consegue ter muitas opiniões sobre o tema a partir de perspectivas distintas.

KNIPP, THOMAS. *Der Deal.* Die Geschichte der grössten übernahme aller Zeiten. Hamburgo: Murmann Verlag, 2007.

O livro pode ser lido como um romance policial, mostrando como a Vodafone, no início do ano de 2000, assumiu a empresa Mannesmann S.A., uma empresa com uma rica bagagem de tradição. Com este livro, se pode refletir sobre como uma empresa tradicional literalmente é desmontada.

LAY, RUPERT. *Ethik für Manager.* Munique: Econ Verlag, 1991.

O tema da controvérsia ética com a vida econômica certamente não é novo. Já no início dos anos de 1990, "o futuro exigia um novo jeito de pensar".

LYNCH, JAMES J. *BANKEN UND MORAL* - Die vierte Dimension im Finanzmanagement. Wiesbaden: Gabler Verlag, 1996.

É um livro absolutamente de referência na controvérsia e discussão sobre bancos e sua moral.

MARSCHALL, MATT. *DIE BANK.* Die Europäische Zentralbank und der Aufstieg Europas zur führenden Wirtschaftsmacht. Munique: Karl Blessing Verlag, 1999.

Neste ano, tudo já estava decidido e a mudança dos índices dos títulos já havia começado. Apesar disso, o livro permite olhares interessantes para dentro da história do euro.

NOLMANS, ERIK. *Josef Ackermann und die Deutsche Bank.* Anatomie eines Aufstiegs. Zurique: Orell Füssli Verlag AG, 2006.

OBAMA, BARACK. *Hoffnug wagen.* Gedanken zur Rückbesinnung auf den American Dream. Munique: Random House GmbH, 2007 [em português: A audácia da esperança: reflexões sobre a reconquista do sonho americano. São Paulo: Larousse do Brasil, 2007.].

O livro apresenta respostas surpreendentes a perguntas de uma das maiores potências econômicas do mundo. É notável como Obama coloca os próprios americanos diante de um espelho.

OGGER, GUNTER. *Nieten in Nadelstreifen*, Deustchlands Manager im Zwielicht. Munique: Droemer Knaur Verlag, 1992.

Acerto de contas sem perdão com os executivos e suas "habilidades" na Alemanha.

PINNER, WOLFGANG. *Ethische Investments*. Rendite mit "sauberen Fonds". [s.d.]: Gabler Verlag, 2003.

Um guia com boa visão panorâmica sobre as exigências e os meandros que devem ser observados no caso de uma aplicação em investimentos éticos.

ROSEN, RÜDIGER VON (ed.). *Ethisch orientierte Aktienanlage* – Nische oder Wachtumsmarkt, Deutsches Aktieninstitut, Dokumentation des Seminars vom 14. März 2022, Studien des Deutschen Aktieninstitut, Heft 18. Frankfurt: [s.d.], 2002.

Apresentação básica do processo de investimento e documentação para uma discussão sobre o tema a partir da perspectiva de investidores institucionais em ações.

SEDILLOT, RENÉ. *Muscheln, Münzen und Papier*. Die Geschichte des Geldes. Frankfurt: Campus Verlag, 1992.

Interessante apresentação do desenvolvimento do dinheiro desde a Antiguidade até o final do século XX.

SEIFERT, WERNER G. *Invasion des Heuschrecken*. Berlim: Econ Verlag, 2006.

O antigo presidente da bolsa de Frankfurt descreve, a partir de sua perspectiva, a luta contra o fundo de *hedging* e seu protagonista Christopher Hohn.

SOROS, GEORGE. *Die Krise des globalen Kapitalismus*. [s.d.]: Alexander Fest Verlag, 1998. [em português: A Crise do Capitalismo Global - Os perigos da sociedade globalizada. Uma Visão Crítica do Mercado Financeiro Internacional. São Paulo: Campus, 2000].

Um dos maiores especuladores do século XX e um dos maiores capitalistas faz críticas ao capitalismo; trata-se de um livro impressionante.

STEWART, JAMES. *Club der Diebe*. Berlim: Ullstein Verlag, 1991.

Na verdade, não deve surpreender a leitura de que, distante da crise financeira de 2007 e 2008, já havia fortes crises em Wallstreet. Já naquela época havia os manipuladores. Depois de ler este livro, a pessoa entende melhor as relações em Wallstreet e não se surpreenderá com mais nada. O livro pode ser lido como um romance policial; por vezes, o leitor somente pode sacudir a cabeça diante dos fatos narrados.

ULFKOTTE, UDO. *Marktplatz der Diebe*. Munique: Verlag C. Bertelsmann, 1999.

No mundo da espionagem industrial, a pessoa não pode se surpreender se outros conseguem produzir mais barato. O livro é interessante como um romance policial.

WEBER, MANFRED (ed.). *Europa auf dem Weg zur Währungsunion*. Darmstadt: Wissenschaftliche Buchgesellschaft, 1991.

A partir de uma perspectiva posterior, é interessante ler sobre tudo o que teve de ser colocado de lado antes de se experimentar o final feliz.

WEBER, MAX. *Die protestantische Ethik und der Geist des Kapitalismus*. Erfstadt: Area Verlag, 2005 [em português: *A ética protestante e o "espírito" do capitalismo*. São Paulo: Companhia das Letras, 2004.

Esta contribuição do ano de 1904 ainda hoje é importante para a teoria e o desenvolvimento do capitalismo moderno.

WIEDEKING, WENDELIN. *Anders ist besser*. Ein Versuch über neue Wege in Wirtschaft und Politik. Munique: Piper Verlag, 2006.

O presidente da empresa Porsche fala às pessoas sobre os desafios às pessoas no mundo econômico atual.